すべての働く人に贈る

「心の常備薬」
読む

税理士
矢野千恵子

現代書林

まえがき

「歩くビタミン剤」

あなたはそんな人と出会ってみたいですか？

「このところ仕事がしんどくて……」とか、「ストレスが多くて、お酒の量が増えた（笑）」「部下の不手際で謝ってばかりだよ」などと、心が沈んでいる人が多いように感じます。

私はその人たちの話を聴いて、前向きな考え方になるヒントをお伝えするのですが、それによって皆さん、不思議と表情が明るくなるんです。

「矢野さんと話をすると元気がもらえる。本当に歩くビタミン剤だよね」

このように言われるようになりました。

申し遅れました。私は栃木県の那珂川のほとりで、小さな事務所を構える税理士の矢野千恵子と申します。東京の下町、江戸川区で生まれ育ちました。そんな私が10年以上前に夫の仕事の関係で、縁もゆかりもない栃木に移り住み、税理士事務所を独立開業することになりました。

実は私は移り住む前は、税理士を辞めようと考えていました。野心家ではないので、こんな縁もゆかりもない土地で独立開業するなんて考えられないと思っていたのです。

しかし、私の一番の理解者であるビジネスパートナーの女性がこう言ってくれました。

「矢野さんには独立する素質があるのに何でやろうとしないの？　私は矢野さんと一緒に働いて仕事の楽しさを知ったの。だからこれからも矢野さんと一緒に仕事がしたい」

そこまで言ってくれる人を大事にしなければ罰が当たると思い、勇気を持って独立開業をしました。


独立開業を決心したあと、お客様のところへお別れのご挨拶に伺った時に「もう少し親身になって話を聴いてほしかった」と言われました。

私はショックでした。なぜなら、自分では十分にやっているつもりでしたから。しかし、相手の立場からすると、そうではなかったのです。振り返って考えると、質問には親切丁寧に答えていたはずですが、悩める心の内を相談しやすい環境づくりまではできていなかったのです。

私は自分の未熟さに愕然としました。そこで、独立開業をしたからには徹底的にお客様に寄り添い、悩みを聴いて、解決の糸口を一緒に探り、元気になってもらえる存在になろうと思ったのです。

そして、その日から心理学を独学で学び、日常でぶち当たる心のモヤモヤについて論理的に考察を立てて、それを自分で実践していきました。観察力と想像力を鍛え、自分が得た知識や経験を血肉にしていきます。それをお客様の悩みの解決のために、全力で活用しました。直観力を磨き、常に心のアンテナを張るようにしました。的確に相手に伝えるために、いろいろなたとえ話を書き留めます。また、言葉のバリエーションを増やすために、同義語を調べました。そして、頭の中にいろいろなネタをストックしていきます。

それらを総動員して、さまざまなお客様の悩みに答えていく——そんなことを10年以上繰り返していました。

お客様と話をしていて思うのですが、皆さんは税務の話を望んでいるのではなく、自分の仕事について背中を押してもらいたい、不安を聴いてもらいたい、心が弱くなっているのを支えてほしい、そのようなことを求めているのです。

税務処理は、税理士としては当然の業務です。私の税理士としての使命は、小手先の節税対策のアドバイスではなく、元気と勇気を与えることなのだという結論にいたりました。そして今現在、自分のスタイルを貫き通しています。

税の専門家として、私より優秀な税理士は大勢います。しかし、お客様の心に寄り添い、元気と勇気を与える税理士ということなら、私は誰にも負けません。

お陰様で今では90件近くの顧問先を抱え、新規の依頼はすべてお断りをさせていただいています。キャンセル待ち（顧問先に空きが出たら連絡をくださいという状況）になっているほどです。

顧問先の方々はどの方も素敵な人たちばかりで、私はその方たちをこれからも大事にしたいと思っています。そのいっぽうで、顧問先以外の方々で、お仕事で悩まれている人たちのお役に立てることがあるならばという気持ちで、今回この本を出版させていただくことになりました。

私が伝えたい52のメッセージは、即効性のある元気が出るビタミン剤のようなものだったり、時にはほろ苦く緩やかに効く漢方薬のようなものだったりします。まさに「歩くビタミン剤」が書いた「読む漢方薬」です。

そんな私の今までの活動で得られた52のメッセージが、皆さんの心のビタミン剤と漢方薬になれれば嬉しいです。

この52のメッセージは、あなたの心にそっと寄り添う「心の常備薬」です。その常備薬を服用し、あなたの心に沁みわたることによって自然治癒力が高まり、元気を取り戻していただけたら、著者としてはこれ以上の幸せはありません。

そして、人生は旅にたとえられます。良い時もあれば悪い時もあり、珍道中の連続です。その人生の旅において、出会いたい言葉の数々を本書に多く散りばめることを心がけました。

本書を読んでいただければ、何事も物事は捉え方次第で素敵なものに変わっていくということが実感いただけるはずです。

その言葉の数々によって皆さんの憂鬱が晴れ、仕事が好きなり、心が元気になって人生の旅が素敵なものになりますよう心から祈っています。

２０２５年１月

税理士　矢野千恵子

本書の〝服用〟について（本書の活用法）

本書は、52のメッセージを読むことによりご自身の心を軽くして、自分らしくイキイキと過ごしていただくためのものです。効果的にお使いいただくために、手順などをご紹介します。

服用の手順

①すべての章を一通り読みます
②心に刺さったページに付箋を貼ります
③そのページを読み返し、**自分のことに落とし込んで理解を深めます**
④自分にできることから少しずつ行動してみましょう**（アウトプットが大事）**
⑤内省します
⑥①に戻って、定期的に繰り返します

※繰り返し読んで活用することが大事です。

理解が深まる活用例

①ほかの章を読むことで、相手の立場に立ってアプローチするためのヒントとして使えます

②付箋を貼ったページの内容を題材に、社内での勉強会において自分なりの見解を話し合ったり、朝礼でのネタとして披露するのも良いです

ワンポイントアドバイス

①この52のメッセージは、「物事は捉え方次第で良い方向に変わる」という発想の転換のヒントとして書かれています。対象者ごとに章が分かれていますが、どの章も幅広い層の方に伝わるようになっていますので、**まずは一通りじっくりお読みください**

②前向きな気持ちで取り組もうとすることが大事です。行動してもすぐに効果は出ないかもしれませんが、昨日の自分よりも少しでも成長していればそれでOK。日々の積み重ねが大事なので、無理に取り組むことでストレスになっては本末転倒です。「三日坊主も10回やれば1か月」というスタンスで、急がずゆっくり自分のペースで取り組んでみましょう

心の栄養をたっぷり摂って、どうぞお大事になさってください。

まえがき —— 3
本書の〝服用〟について（本書の活用法） —— 8

第1章 社会人1年生を励まして元気にする15のメッセージ

● 社会人1年生は丸腰で戦っていることを認識すべき —— 18
● コミュニケーションは訓練 —— 23
● 失敗は良い経験を積んでいる証拠。人生のネタだと考えよう —— 27
● 理不尽なことをする人は「人間1回目」と思うようにしよう —— 31
● 他人と比べているうちは負け。過去の自分と比べて成長しているかが大事 —— 33

● 自分の可能性の芽を摘んでいるのは自分自身だったりする 36
● 取り柄や才能は、自力では見つけられない 38
● 我慢は単なる自己満足である 42
● 人間力を磨くことは、自分自身の武器となる 44
● 成功体験は、自分自身が成功したと実感しないと意味がない 47
● 7・8・9の法則 49
● ドリームキラーの言葉は励ましのエールと捉えよう 52
● 成功と努力の関係図。1%の成功確率の話 55
● 得意な仕事を好きになった人が、結果的に優秀な人材となる 59
● 神様から与えられた試練は受けて立とう 61
column 応援は原動力になる 63

第2章

できる上司になる心得が身につく11のメッセージ

・居眠りをした新入社員を叱るのは正しいこと？ —— 68
・叱るとは、再発防止策を一緒に考えるのがワンセット —— 70
・部下の武器の見つけ方。不得意なものが狙い目 —— 73
・部下がお客様との信頼関係を築けているか見届けよう —— 75
・部下のＳＯＳに気づくために、優しく声かけをしよう —— 77
・褒め言葉を言う時は、尊敬言葉も添えられたら、なお良い —— 79
・意識して大切にすべきもの —— 81
・男性と女性の思考の違いを知ることは、トラブル防止につながる —— 84
・上司が未熟だと、優秀な人材が離れていく —— 87

● いろいろな経験を積んだ人こそ、新しいことに挑戦しよう —— 90
●「忙しい」と「忘れる」は、どちらも心がお亡くなりになっている —— 94
column 結婚相手は高値づかみしがち。成長株を狙うのが吉 —— 97

第3章

経営者としての不屈の精神が育つ 11のメッセージ

● チャンスとはいたるところに転がっているが、目に見えないもの —— 102
● 預貯金よりも信頼貯金が大事 —— 105
● 交渉はWin-Win一択 —— 107
● 仕事は、藁の家をつくるのではなく、レンガの家をつくる意識で —— 110
● 専門用語を使わずに伝えることができるのが本物のプロ —— 113

・心のモヤモヤは言語化できると晴れる　115
・お客様の不満につながる要因とは？　118
・「もう5分しかない」と思うのか、「まだ5分もある」と思うのか　121
・「貧すれば鈍する」の私なりの解釈　123
・自己愛と自己中心的な考えは、似て非なるもの　125
・人生の自由研究　128
column 「足るを知る者は富む」のマインドを持とう　131

第4章 一流の営業パーソンになるための8のメッセージ

・初対面での会話は、印象が残る話題を　136

● 名刺は、名刺交換のあとで発揮されるものが良い　138
● いい香りのする人は素敵な人。凄腕保険外務員の話　141
● 普段から謝ってばかりいる人は、いざという時、相手に軽く思われてしまう　143
● 小さい約束が守れない人が多すぎる　145
● どんな人でも「将来のお客様」と思って接することが大事　148
● 感動を生む凄腕若手営業マン　150
● 「泥中の蓮の花」は困難に立ち向かえる励ましの言葉　154
column 今日を生きられなかった人の分まで、自分自身が幸せに生きる　156

第5章

人生を豊かにする、お金にまつわる7のメッセージ

- 簿記は義務教育に入れるべき ― 160
- 納税はステータス ― 163
- お金に対する向き合い方 ― 166
- 相続対策は、自分のためにお金を使ってください ― 171
- いざという時がいつなのか、普段から考えないと対応できない ― 173
- 幸せの近道は他者貢献 ― 177
- no pain no gainの精神で、見返りを求めずに与え続けよう ― 179

あとがき ― 183

第1章

社会人1年生を励まして元気にする15のメッセージ

社会人1年生は丸腰で戦っていることを認識すべき

社会人1年生はお客様とうまく話ができずに失敗してしまうことがよくあります。その時に隣にいる上司がスマートに先方と話をしている姿を見ると、すごいなと思ったりすることでしょう。そして、自分はどうしてダメなんだろうと、必要以上に落ち込む人がいます。

私が美容院に行った時の話です。シャンプー台に通されたのですが、新人のアシスタントさんが担当になり、シャンプーをしてくれました。

少し話しかけたところ、何だか元気がない様子。自分の仕事がうまくできなくて、いっぱいいっぱいになっているとのことでした。

そこで私はこう言いました。

「先輩たちは『経験という鎧』を着ているから、戦っても怪我をしないのよ。先輩たちがあなたと同じ頃は、今のあなたと同じように丸腰で戦っていたから、怪我をしてきたと思うよ。今はみんな涼しい顔して仕事しているけどね。心がいっぱいいっぱいになっているということは、真剣に取り組んでいる証よ。私はそんなあなたを尊敬するし、応援したいと思う」するとその新人さんは、感極まって泣いてしまいました。

私は慌てて「泣かないで。ほかのお客様が、私が泣かしたと思うから。ほら笑って」と弱ったなぁと思いながら笑顔で言いました。

社会人1年生は心がいっぱいいっぱいの状態で戦っているのです。その時、先輩たちなどのほかの人と比べないで、自分は丸腰で戦っていることを認識すれば、心が軽くなるのではないでしょうか。

私が税理士になる直前の話を紹介します。

税理士は税理士試験に合格し、2年以上の実務経験を積んで税理士登録をすると、税理士として仕事をすることができます。

私は、15歳の夏に税理士を志し、商業高校で簿記を勉強しました。少しでも早く税理士になりたかったので、大学には行かずに専門学校を選びました。そして税理士試験を受験し合格。会計事務所に就職して3年が経った頃にボスから「税理士登録をしなさい」と言われました。

あれだけ早くなりたいと思っていた税理士ですが、当時の私は自分の無知さと無力さを痛感していました。実務経験を積み始めてから日に日にその無力感は増していき、いざ税理士として肩書を得ることができる時点において、税理士として仕事をすることが怖くなってしまったのです。

「こんな無知で無力な私が税理士として名乗って仕事をしてもいいのだろうか？」と日々考えていました。

本来なら2年経てば税理士登録ができるのにその踏ん切りがつきません。1年間ずるずると税理士登録を見送ってしまいました。それにしびれを切らしたボスが「いい加減、税理士登録をしなさい」と言ってきたのです。

私はボスに自分の胸の内を話しました。するとボスはこう言いました。

「税理士登録をすれば、税理士として仕事ができる。初めはうまくできないだろうけど、段々と実力はついてくるものだから、税理士になりなさい」

この言葉に背中を押され、勇気を持って税理士登録をしました。

税理士登録手続きをして手元に届いた税理士証票（税理士としてのライセンスカード）を見て、私は覚悟が決まったのだと思います。

覚悟が決まった人間は精神的に強くなります。私は、丸腰でたくさんの傷を負う覚悟を決めたのです。

わからないものについては、「即答できないので、お調べして答えます」と言って、そのつど調べて対応しました。

不勉強であることを隠さず、いろいろな人に「勉強のためにいろいろと教えてください」と話しかけ、いろいろな人からたくさんのことを学ばせてもらいました。

ボスも私に経験を積ませようといろいろな場所に同行させてくれました。すると次第に力がついてきて、しまいにはボスが「彼女は私の参謀」と言って人に紹介したり、「彼女は24歳の若さで税理士試験に合格して、27歳で税理士になった優秀な人間だ。実務経験も申し分ない。彼女に事務所を継がせたいと思っている」と得意先に誇らしげに言ったりするようになりました。入所当初、事務所にかかってきた電話を怖くて取ることができず、資格があってもその知識がまったく生かせず、ボスから「君は使い物にならないから、次の就職先を考えたほうがいい」とまで言われたこともあった人間がです。

そうやって経験を積んで「頑丈な鎧」をつくっていったのです。

自信のない人は、自分を取り繕い、自分ができないことを隠します。自分が有能であるというふうに振る舞うのです。

ですが、それだと十分に経験が積めないように思います。それどころか、経験を積む機会が圧倒的に少なくなります。

十分な経験が積めなければ「頑丈な鎧」はできません。自分が丸腰であることを認識し、丸腰であることを隠さず、丸腰だからこそ、いろいろと教えてほしいと言って、教えてもらうのです。そうしていくことで、人は「頑丈な鎧」をつくることができ、自信が持てるようになります。

ただ、「頑丈な鎧」は一朝一夕でできるものではなく、日々の積み重ねが重要です。ある程度の時間はかかると思いますから、焦らずに取り組んでいくことが肝要です。

90ページの『いろいろな経験を積んだ人こそ、新しいことに挑戦しよう』でも触れたように自分を取り繕い、自分ができないことを隠している人は、いつまで経っても未熟なままとなります。最近転職をする人が多いですが、「頑丈な鎧」ができないうちに転職をしても、うまくステップアップできないと思います。まずは「頑丈な鎧」をつくることが大事です。なので、社会人1年生の方はぜひ丸腰で戦っていることを認識して、たくさんの傷を負って、「頑丈な鎧」をつくっていってください。

私はそんな皆さんを心から応援しています。頑張ってくださいね。

コミュニケーションは訓練

「コミュ障」という言葉があります。そう自覚する方が最近多いようです。税理士会の会務に租税教育というものがあり、その一環として、高校で「租税教室」という講義を行っています。その際、生徒がコミュ障で困っているという話を学校の先生から聞きました。

何を隠そう、私もコミュニケーションが苦手でした。と言うと、私のことを知っている人はほぼ全員「嘘だ！」と言うでしょう。

なぜなら、私は人と会話を始めると、会話のラリーが止まらなくなります。例えば、19時にスタートした飲み会だとしても、あっという間に時間が過ぎて、１軒目のお店の閉店時間までいるのが、ほとんど毎回なのです。そして、皆一様に「時間を忘れて話をしていた。とても有意義だった」と言ってくれます。そんな私が、コミュニケーションが苦手だって言っても、誰も信じてくれないはずです。

しかし、10代後半に、ファミレスでホールのアルバイトをしていた時のことです。お客様とのやり取りが緊張してうまくできず、頭が真っ白になります。1人パニックで、いつもほかのスタッフに迷惑をかけていました。ホールの担当だったのが、いつしか駐車場の清掃作業、バックヤードの在庫整理の仕事を割り当てられることが増えていったくらいです。

また会計事務所に就職した当初は電話恐怖症でした。電話を取れないでいたら、先輩に怒られたこともありました。

今でもその名残があります。税理士会では確定申告時期に無料相談の相談員として駆り出されるのですが、その際コールセンターでの業務はトラウマでパニックになるので、外してもらうようにしています。その代わりに商工会などの対面での無料相談を多くこなすようにして、自分ができることをやるようにしています。

先ほどもお話ししましたが、私は「租税教室」として200人の生徒の前で講義を行います。すでに10年以上続いているのですが、いまだに台本を読み上げる形式でないと講義ができません。租税教室の前日は眠れないほどです。

また、大勢の人が集まる懇親会などの飲み会も実は苦手です。たくさんの人がいて話題がどんどん移っていくと、誰と話をしていいかわからなくなります。そして、相手に伝えたい気持ちや相手のことをもっと知りたい想いが強いため、複数の人での会話で、話が途中で途切れたりすると、歯がゆくなります。よって、心から楽しむことができないのです。

つまり、顔が見える一対一の対面であればコミュニケーションができるのですが、顔が見えない電話や複数人との会話、大勢の人の前での講演となるとまったくダメなのです。というわけで決してコミュニケーションが得意というわけではありません。

では、何でみんなからコミュニケーションが得意に思われているかというと、コミュニケーションが苦手というのを自覚して、日々訓練を積み重ねてきたからです。私が、コミュニケーションが得意と思われているのはその訓練の賜物なのです。私が訓練をしている内容（意識していること）を紹介します。

①フレーズを声に出して練習する

特に電話などは、どのように話し始めるかの練習を、電話をかける前に行います

②咄嗟に質問された時を想定して、答えをストックしておく

頭の中で話の展開についてシミュレーションして、想定問答を用意します

③人の話は興味を持って耳を傾ける

話の中で自分との共通点をどんな小さなことでも見つけるようにしています

④ 話がうまい人を真似てみる

漫才などの芸人さんのトークを見て、話の間やスピード、トーンなどを学んでいます

⑤ たくさんの言葉（単語）を頭の中にストックしておく

より的確に相手に伝えるために、単語の同義語やフレーズを調べています

⑥ 言葉足らずな会話にならないように注意する

言葉を省略せず、丁寧な会話になるように心がけています

⑦ 失敗を恐れず、勇気を持って話す

量（会話をする機会）を増やせば質も上がりますから、たくさん話すようにします

このような努力の積み重ね（訓練）をすることで、私は確実にコミュニケーションスキルが上がりました。

コミュニケーションスキルは公私ともに非常に大事なスキルです。ぜひマスターできるように頑張ってくださいね。

失敗は良い経験を積んでいる証拠。人生のネタだと考えよう

私は独立した当初に大きな失敗をしました。

個人で事業をしているとある女性からの依頼です。税務調査を受けているけど、納得がいかないので立ち会ってほしいというのです。

その女性は税理士に頼らずに、自分で確定申告をしていた人でした。そこで、私は税務署の調査官に「私が計算し直すから時間をほしい」と伝え、計算してみることにしました。

すると、その人は何でもかんでも経費に計上していたのです。しかも、ガソリンスタンドや飲食店の領収書（レシート）は、誰かが捨てたものを拾ってきたのではないかと疑われるものもあります。整合性が取れないものが混じっているのです。

私は落としどころを考えた確定申告書の原案を作成し、その女性に説明をしました。

するとその女性がこう言うのです。

「税金をゼロにするのが税理士の仕事でしょ。私はあなたを雇ったのだから、税金をゼロにしなさいよ」

私はこの言葉を聞いて「私はあなたの立ち会いはできません」と言って、この案件を降りることにしたのです。

するとと女性は「今までの時間を返しなさい。私があなたに割いた時間分のお金を要求したいくらいよ。この時間どうしてくれるのよ」と恫喝まがいのことを言い出します。

その日はいったん辞去しました。そしてお預かりした資料を返却して、正式にお断りをするために改めて出向きました。

何かあった時のために夫も連れて行きました。すると、玄関で立ったまま2時間、罵声を浴びせられることになりました。内容は実に理不尽なものでした。

自分の思うようにいかなかったことに対して、不快な思いになったといった内容をヒステリックな口調でまくし立てるのです。黙って聴いていたのですが、段々とそのヒステリックさがエスカレートしていくのが怖くなり、私の体が震え出しました。それを見た女性が「怖くて震えているみたいだけど、それが何なのよ」と言ってさらに煽ってきました。本当に怖い2時間でした。

女性が一通り喋り終わったタイミングで、横で聴いていた夫がこう話し始めました。

「あなたの言い分はわかりました。不快な気持ちにさせたのは謝罪いたします。ですが、今回の税金の計算の話とは論点がずれていますよね」

彼女は夫の発言を聞くと大きくため息をつき、「もう話をしたくないのでお帰りくださ
い」と言って、私たちを追い出しました。

夫が冷静に第三者の立場で話に入ってくれたので、これで縁が切れて良かったのですが、私は心が傷つきました。人間不信になり、笑顔ができなくなるほど、私にとってはとてもショックな出来事でした。独立開業後の初めてかつ最大の失敗でした。

思い返してみると、ファーストコンタクトでのその女性との会話で、違和感はいくつかありました。しかし、独立したばかりの私は、その違和感をそのままスルーしてしまったのです。もっとその違和感を重要視して、ファーストコンタクトでお断りを入れていたら、こんな体験をしなくて済んだのかもしれないと思いました。

この経験から私はいろいろなことを学ぶことができましたし、この経験が今ではとても生きています。その経験があったから人を見る目が養われるようになりました。早い段階で自分と相性が合わない人の依頼は受けないような体制が整いました。

この案件では税理士報酬はいただかなかったのですが、それよりももっと価値のあるものをいただいたと今では思っています。

ちなみに、その事業所ですが、その1年後くらいに前を通りかかったら、閉店して空き物件となっていました。

それ以外にもファーストコンタクトで違和感を持ち、その場でお断りした人が何人かいるのですが、そのうちの1人は先ほどの話と同様にその後にお店が閉店していました。

これもこの女性との経験があったから、そのような人を回避することができるようになったのでしょう。

心の傷がまだ癒えていない時に、このエピソードを得意先の社長さんに話したところ、このように言ってくれました。

「独立したタイミングでこの経験をしたことはラッキーだったと思うよ。今まではボスの傘の中で守られてきたけど、これからは自分で自分を守っていかなくてはいけないからね。その術を身につけられたのだから、ラッキーだったんだよ」

その言葉で、私はまた笑顔を取り戻せたのです。

新人の時の失敗は、苦いものばかりでしょう。私も同じです。

そして、今では失敗は人生のネタになると思うようになり、失敗を恐れず受け入れるようになりました。

理不尽なことをする人は「人間１回目」と思うようにしよう

社会に出て感じたのは、理不尽なことをしてくる人がいるということでした。自分よりも年上なのに、理不尽なことを平気でやってくるのです。

私はその人の行動が理解できず、心を痛めてきました。しかし、ある時気がついたのです。この人のために自分の心を使い、痛めるのはもったいないのではないか？　と。

しかし、そうは思ったものの心のモヤモヤが晴れませんでした。その時に「輪廻転生」という言葉が頭に浮かんだのです。

輪廻転生とは、魂が生まれ変わるという考え方です。ということは、現世では私よりも年上だけれども、魂は私のほうが年上ではないか、と考えるようになったのです。

そこから転じて「人間１回目の人」と思うようになりました。理不尽なことをして成長が見られない人と接した時は「人間１回目だから仕方がない。来世に期待しよう」と考えるようにしたのです。人間１回目の人は、魂が赤ちゃんだということです。赤ちゃんに対して腹を立ててもしょうがないですよね。

そう思うことで寛大な心になってきましたし、気持ちの切り替えがうまくできるようになってきました。寛大な心を持つことは、自分自身のメンタルが安定することにつながるので大事なことです。

私は元々、江戸っ子気質のため、短気な性格です。思うように事が運ばないとイラっとしてしまう人間でした。イラっとすると自分の心の狭さに落ち込み、いつまでも嫌な気持ちを引きずってしまい、うじうじと考えてしまいます。

それにイラっとすると、想像力の機能が低下するように感じます。想像力の機能が低下するから、相手の気持ちに寄り添うことができなくなり、寛容でなくなってしまいます。

今でも油断するとイラっとして寛大な心が持てなくなる時もありますが、「人間1回目の人」と考えるようになってからは、大分良くなったと思います。自分自身のメンタルが安定するようになるためにも、この考え方を参考にしてみてくださいね。

また、もし自分自身が理不尽なことをしてしまったと感じたら、「魂が若いのだからここから成長しよう」と思えばいいのです。理不尽なことをしてしまう場合はたいてい無自覚ですから、それに気づけたということは魂が成長している証拠です。学びだと思って、前向きに捉えていきましょう。

他人と比べているうちは負け。過去の自分と比べて成長しているかが大事

私が税理士試験で落ち続けていた時、受験勉強をいつも一緒にしている周りの人たちと比較ばかりしていました。

受験勉強中は毎日テストがあります。その日のうちに、テストの順位が壁に貼り出されるのです。

貼り出される紙にはボーダーラインが引いてあり、そのボーダーラインより下に名前がある生徒は、先生に呼び出されて、廊下でお叱りが待っています。

ボーダーラインの上に残った生徒は、そのお叱りを聞きながら問題演習をやるという、何とも精神的に疲弊する環境での授業でした（約30年前の話ですので、今はこのようなやり方ではないと思います）。

そんな毎日を送っていたので、いつしかボーダーラインの上のほうにいきたい＝クラスメートより優位に立ちたいという気持ちになっていきます。本試験で合格することよりも、学校のテストで上位になりたいという思いが強くなっていくのです。

そして、学校のテストでは優位な順位になっているのに、本試験で不合格になるという経験を2度もしてしまいました。

そんな時に、私のひとつ下の友人が、最年少で税理士試験を合格するという快挙を成し遂げたのです。しかし、その友人は決して学校の成績が良いというわけではありませんでした。

彼は本試験を見据えて、本試験で合格することを常に意識していて、学校のテストの成績は一切無視していたと、あとで聞きました。

彼は過去の自分と比べてできているかをいつも考え、勉強を積み上げていたのでした。だから合格したのだと思います。

それから私も考え方を改め、過去の自分と比べて成長しているかにフォーカスして勉強するようにしました。すると合格できたのです。

何か大きな目的に向かって進んでいると、いつしか目の前の小さな目標のことばかりを考えるようになります。そして、気がついたら本来の目的を見失ってしまうのです。

確かに何か大きな目的を成し遂げるためには、小さな目標をつくり、ひとつずつ乗り越えていくやり方が良いのですが、それでいつの間にか本来の目的を見失ってしまっては、

私のような失敗が待っています。なので、両方を交互に意識するようにすると良いかもしれません。

また、ライバルという存在は時に自分の原動力になったりしますが、持っている素質が違う人と比べても意味がないと私は思います。

ですので、常にライバルは過去の自分としたほうが良いです。それが大きな目的を成し遂げられる近道です。参考にしていただけたら幸いです。

自分の可能性の芽を摘んでいるのは自分自身だったりする

先ほどもお話ししましたが、「租税教室」で高校生と触れ合う機会があります。「自分はバカだから進学できない。だから就職しようと思っている」と言う学生がいたりします。自分をバカな状況にしているのは、その「自分がバカだから」という発言が原因だと私は考えます。

「学校の成績が悪い」＝「バカ」と思っているかもしれません。学校の成績が悪いのは、勉強の仕方がわかっていないないか、自分にその勉強のスタイルが合っていないだけだと思います。「自分はバカだから」というのは、行動しない言い訳に過ぎません。行動しなければ、せっかく備わっている才能を磨くことができません。才能の花を咲かさずに終わってしまうことになります。

自分で自分の可能性をきちんと育てていくためにも、自分のことを卑下した言い方はしないほうが良いでしょう。当たり前の話ですが、自分が発した言葉を一番聴いているのは、紛れもなく自分自身です。自分自身が発した言葉がその人の思考をつくり、その人の行動につながるのです。

ですから、できるだけ前向きな言葉や心が温かくなる言葉、元気が出る言葉などを言っていくと良いでしょう。

私は否定的な単語は極力言わないようにしています。例えば、「嫌い」という言葉を使う時は、「好きではない」という表現にします。わかりやすい説明をするためにあえて「嫌い」という言葉を使う時も稀にありますが、できるだけ使いません。

同じく「つらい」という言葉も使わないようにしています。「つらい」は精神的にダメージがあります。なので、「つらい」という言葉を使う前に、早めにＳＯＳを出しましょう。

否定的な言葉は、それだけで強いネガティブなパワーを持っているので、ネガティブな思考になってしまうのです。つまり、一種の自己暗示にかかってしまうように思います。「バカ」という言葉もネガティブなパワーを備えた単語なので、その言葉を使うことを止めるだけでも、思考が変わってくるでしょう。

社会人1年生の皆さんも仕事の覚えが悪い時に「自分はバカだから」なんて言わないでくださいね。明るく前向きな言葉を発して頑張っていきましょう。

取り柄や才能は、自力では見つけられない

自分にとって何が強みで何が弱みなのか？　若い人は自問自答していると思います。

先ほどもお話ししたように、高校で「租税教室」の講義をしているのですが、高校生の生徒を見ていると、それを強く感じます。そういう場合、私は取り柄や才能は自力では見つけることは難しいと申し上げます。

なぜなら、取り柄や才能は自分にとってはできて当たり前のことで、大したことではないものと思ってしまうからです。

ある女子プロゴルファーの話です。彼女は小学生の頃から運動が得意でした。ですが、自分ではそんなに大したことないものと思っていたそうです。

しかし、たまたま父に連れられて、あるゴルフのイベントに参加した際に才能を見出され、そこからゴルフをやるようになり、プロゴルファーにまでなったそうです。

自分ではゴルフなんて考えもしなかったようですが、才能を見出してくれた人がいたから、こうして道が開けたのです。

ですから、他人が自分に対して褒めたことは、きちんと自分の取り柄や才能として受け止めたほうが良いです。それがきっかけとなって道が開けることがあるかもしれません。

社会人として新人の頃は、取り柄や才能を見つける時期だと思ってみるといいですね。

今働いているところが、自分が望んで就いた仕事ではない人もいるでしょう。そんな場合は、まだ自分でも発見できていない取り柄や才能が見つかる場かもしれないと考え、腐らずに前向きに取り組むと良いと思います。

今その仕事に就いているということは、何か自分自身にとって、学びとなるものが得られるご縁があるというサインです。取り柄や才能が見つかる最大のチャンスの時に腐った気持ちで取り組んでいたら、そのチャンスまで枯れて、腐ってしまいます。ですから、腐らずに前向きに取り組みましょう。

私の夫は、大学生の時に行政書士の資格を取り、次のステップアップとして働きながら税理士を目指していたのですが、25歳でうつ病になり、無職になりました。

そして、治療をして改善が見られた頃に、何か手に職をつけようとリラクゼーションサロンでアルバイトをするようになりました。そこで、施術と接客が上手だと評判になり、店長を任されるまでになりました。

しかし、今のこの仕事を60歳になってもやっている自分が想像できないと言って、30歳の時に家業の酪農を継ぐと決めたのです。栃木に帰郷し農業大学校で2年間学び、ついに家業の酪農の仕事に就きました。

すると、両親の知り合いの地元の司法書士さんから、この町には土地関係の仕事をする行政書士がいないから手伝ってくれないかと言われ、行政書士としての活動もするようになりました。

リラクゼーションサロンで培われた接客スキルが行政書士としての業務で生かされ、酪農を通じて農地についてもなじみがあって、次第に行政書士の仕事のウエイトが大きくなっていきました。

そして、ついには隣町のベテランの行政書士さんから、自分の事務所を継いでほしいと言われました。なんと酪農を継がずに、行政書士事務所を継いでしまったのです。

地盤のある行政書士事務所を引き継ぎ、さらに自分の能力を発揮して、繁盛している行政書士事務所となりました。今では従業員（パートさん）も雇って、業績はますます伸びています。

夫はうつ病になった経験も生かし、従業員へのきめ細やかな配慮をしているみたいです

から、従業員からは「超ホワイト企業だ！」と喜びの声が挙がっています。そのベテランの行政書士さん（今は行政書士を引退して、補助者というポジション）もサポート役として継続して働いてくれており、お２人とも自分に合った働き方をしていて、イキイキと仕事をされているようです。

うつ病だった20年前には想像もつかなかった人生を彼は送っています。

取り柄や才能が他人の手によって見出され、そして、それが全部ご縁としてつながり、腐らずに前向きに努力をしていった結果、大きな花を咲かせることができたのです。

なので、ぜひ腐らずに前向きに取り柄や才能を開花させていきましょう。

我慢は単なる自己満足である

私の夫の行政書士事務所で働いているパートさんの話です。その人はとても仕事熱心で、夫曰く優秀な人とのことです。ただ入所して1年なのでまだ経験が浅く、自分が早く一人前にならなくちゃという想いで毎日頑張っているそうです。

そこまではいいのですが、問題なのが、体の調子がおかしくても仕事に来てしまうことです。明らかに体調が優れない様子なのに、他人事のように「なんか体の調子がおかしいんですよね」と言いながら仕事を始めてしまいます。

夫はそのパートさんを説得し、病院に行かせました。案の定、病気が発見されました。夫としては、優秀な人なので病気を早く治し、ずっと長く働いてほしいという想いがあります。しかし、そのパートさんは自分の体がしんどいのに、我慢をして働こうとするのです。

私はその話を聴いて、我慢は単なる自己満足になりかねないと思いました。

私には子宮筋腫のため、手術して子宮を全摘出した経験があります。子宮筋腫の症状がひどかった頃は貧血の症状が重く、1時間机に向かうと2時間はベッドで横にならないといられないほどの状態にまでなりました。

その時の私は、まさにそのパートさんと同じようなことをしていたんだなと、他人の話を聴いて初めて、客観的に自分のことが考えられるようになりました。客観的に考えればわかることなのですが、当事者となっていると他人事として思ってしまうのです。

ですので、私が言えることとは、「我慢は単なる自己満足。体がしんどい時は我慢せず、休んだり、病院に行きましょう」ということです。

特に社会人1年生の皆さんは、若かったりすると思いますから、他人事だと考えてしまうかもしれません。それに無理が利いてしまうので、無理している実感も湧きにくいことが、余計に厄介です。しかし、若いからと言って過信してはいけません。若いからこそ長い将来のために疎かにしないことが肝要です。私の兄は若い時に無理して働いて体調を崩し、それから働けない体になってしまいました。今でも病気と闘っており、苦しい思いをしています。

この年代になり、健康が一番の財産だと実感しています。アントニオ猪木さんの「元気があれば何でもできる」という言葉は本当に深い言葉です。命を削って仕事をしているという自覚を持ちましょう。目先の我慢によって、長い人生を棒に振らないようにしてくださいね。

人間力を磨くことは、自分自身の武器となる

「私は資格がないし、秀でている才能もない。だから、賃金の安いところでしか働けない」と言う人をよく見かけます。

私の母は「資格を持っていれば将来安泰」と思っていた人でした。ですが、今の時代、資格を持っていても、食べていけない人は多く存在します。

そのいっぽうで資格を持っていなくても、食べていける人も多く存在します。その差は何なのでしょうか？

私は「人間力」を磨いているかどうかだと思います。

以前に私は小学校の読み聞かせボランティアをしていたのですが、その時に『佐賀のがばいばあちゃん』という絵本を読み聞かせしたことがありました。

そこには「人生は総合力」という言葉が出てくるのです。私はその言葉を聞いて、まさに人間力とは総合力ではないかと思いました。

ビジネスではいろいろなスキルが要求されます。社会人になりたての人はまずは仕事を

覚えなくてはならないのに、場面場面でいろいろなスキルが要求されます。スキルがなく、うまく対応できずに、心が押し潰されそうになったこともあったでしょう。

人間力を磨こうと意識して行動すれば、少しずつですがいろいろなスキルが総合的に上がっていきます。なので、資格を持つような専門的に秀でることも良いのですが、人間力を磨くことが自分自身の武器になり、総合力で勝てるようになるのではないかと思うのです。

そのためには、観察力と想像力を鍛えると良いです。観察力と想像力を鍛えることでコミュニケーションスキルが上がります。共感能力も高まります。頭の中でイメージができれば、新しいことでも不安を抱かずに、勇気を持って前に進むことができます。ですので観察力と想像力を鍛えてみてはいかがでしょうか。

あと、素直な気持ちで受け入れることも大事です。人の意見を、素直に耳を傾けて取り入れられる人は、人間力が高いように思います。人の意見に「でも……」「だって……」と言っていたり、否定的なことばかりを口にしたりする人は、成長しようとしていないので、人間力は身につきません。

例えば、「○○を挑戦してみたらいいよ」とアドバイスしてくれた人に「いや失敗するからやらないよ」と返答したとします。その場合、もし成功してしまうと自分の意見が間違えていたことになります。

つまり、自分の意見を否定することになりますから、自分の意見を否定したくなければ失敗するという選択を無意識にしてしまいます。すると、当然失敗します。そして「ほらね。失敗した。だから嫌だったんだ」と言うでしょう。

素直に取り入れようとせず、否定的なことを言う人は、失敗を自分で選択していることになるのです。なので、素直に肯定的に物事を受け入れて行動すれば、人間力が向上していくということになります。

さらに、素直さがあるとさまざまな「気づき」が得られます。この「気づき」というのが大事です。気づきを意識することで事前に困難を回避することができます。心の目に色眼鏡をかけないで、クリアな目で物事が見えるようになれれば、視界を遮るものがない状態なのですから、愚かな選択をしなくなります。ときどき、経験を重ねたことによって素直さが段々と失われ、心の目が悪くなっていると思われる方にお会いすることがあります。ですので、素直さは年齢を重ねるほどに意識しないといけないものかもしれません。

素直さは大事です。ぜひ素直な心を持ち、観察力と想像力を鍛えて、人間力を向上していっていただけるといいですね。

成功体験は、自分自身が成功したと実感しないと意味がない

新人さんの成功を褒めた時に「いえ、自分はまだまだです」と言う人がよくいます。謙遜して言っているのだとは思いますが、この思考が良い人材として思うように伸びない要因なのではないかと考えたりします。

人は成功体験を積まないと自信が持てません。自信が持てるようになれば、行動力が増してきて、もっとより良い行動ができるようになります。

それが、成功しているのにもかかわらず謙遜の言葉を述べることにより、その成功体験は自分の意識では「ノーカウント」と認識されてしまいます。成功体験が積めていないのと同じ感覚となり、いつまで経っても自信が持てない状態になってしまうのではないかと思うのです。

なので、成功体験をした時は、きちんと成功したと自分自身が実感し、そのうえでどこが成功したポイントなのかを分析して、浮き彫りになった課題をどのようにしたら良いかと考える――。そのようなプロセスを踏んでいくようにしたほうが良いと思います。そし

て、次回同じような経験をする際に、その成功体験を「モデルケース」としてブラッシュアップしていくと良いでしょう。

成功を褒められた時は「いいえ、自分はまだまだです」と言うのではなく「ありがとうございます。成功して嬉しいです。これからももっと伸びるように一層頑張ります」とコメントすると良いですね。

あと、早く仕事を覚えたくて頑張っている人は、何かに追われてすごく焦っている雰囲気が表れています。ですが、等身大でいたほうが、結果的に早く仕事が覚えられるのではないかと思います(『社会人1年生は丸腰で戦っていることを認識すべき』18ページ参照)。

それに、焦っている時の心理状態は心に余裕がありません。心に余裕がなければ記憶の定着がしにくくなります。集中力に欠け、余計なことばかりが頭の中を駆け巡っているので、しっかりと覚えられないのです。

ですので、焦らず落ち着いて一つひとつを覚えていくことで仕事ができるようになり、成功体験も積めるようになります。焦らず落ち着いて行動し、成功体験を実感することを繰り返していくことで自信へとつながります。そして仕事が楽しくなり、優秀な人材に育っていくのです。皆さんもそのプロセスを忘れずに行動してみてくださいね。

7・8・9の法則

皆さんは「7・8・9の法則」をご存知ですか？　7と8と9を足すと24になります。これは1日の時間を示しています。そして、7が平均睡眠時間、8が平均労働時間、9が自由な時間です。

なんと、睡眠時間や労働時間よりも自由な時間のほうが多いのです。しかし、実際は自分の自由な時間がないと思っている人がほとんどです。

9の時間には通勤時間や食事の時間が入ります。子育てをしている家庭や介護をしている家庭はその時間が含まれますから、時間がないと思ってしまうのは当然のことでしょう。ですが、言うなれば9の自由な時間を楽しい時間だと思えるようにする工夫はできるはずです。

通勤時間はお気に入りの音楽を聴くことで自由な時間を過ごしていることになりますし、食事の時間は美味しいものを食べて過ごせば幸せな気分になります。子育てや介護は大変だと思いますが、大切な家族と過ごす、かけがえのない時間です。なので、自由な時間は考え方次第ではないかと、私は考えるのです。

自分に与えられた時間は有限です。いかに自分らしくイキイキと過ごすことができるようになるかは、自分次第です。いくらでも自分次第で変えることができるのです。

ですので、私はくよくよ悩んでいる時間はもったいないと思っています。私も人間ですから、壁にぶち当たったり、未熟さが露呈して凹んだりして、くよくよ悩んでしまうこともあります。ですが、その時間をあまり引きずらないようにしています。

自分の自由な時間をくよくよ悩んで過ごしてしまうのはもったいないです。なので、メンタルコントロールをして有意義な時間を過ごせるように、意識を持っていくようにしています。

そのためには、悩みはいったん棚上げをして、栄養のある食事と睡眠を十分にとってエネルギーチャージをします。あと、リラックスする時間も必要です。

自分自身の心を十分に満たしてから、問題の解決のための作戦を考えます。失敗したことを冷静に受け止め、分析と反省をします。そして、問題解決の作戦を実践し、悩みを解消する糸口をつかんでいくようにしています。

このプロセスで私は悩む時間が減りました。よって、自由な時間が多くなってきました。

心身ともに健康でないと良い考えが出てきませんから、自分自身の体の健康を疎かにしてはいけません。私は週に１回サウナに行き、月に１回鍼灸院で施術を受けて、心身のメンテナンスをしています。

私は以前、自分自身の健康に対して若干軽視していました。健康は大事だと認識しながらも、時間がもったいないと思い、テキトーな食事と睡眠をとっていたのです。エネルギーチャージが不十分な状態では、問題解決の答えは導き出せません。ただくよくよ悩んでいるだけでした。まさに負の無限ループに陥っていたのです。

それだと時間を無駄に過ごしていると思い、考え方を改め、今のスタイルになりました。７の睡眠時間も９の自由な時間を確保するための重要な時間と捉えて、十分な睡眠をとるようにしています。

９の自由な時間の過ごし方を見直していくことで、より有意義な時間を過ごすことができます。ぜひ参考にしてもらえたらと思います。

ちなみに、私の場合、８の労働時間も楽しい幸せな時間だと感じていますので、17時間楽しい時間を過ごしていることになります。ですから、私はとても幸せです。

ドリームキラーの言葉は励ましのエールと捉えよう

皆さんは「ドリームキラー」という言葉を知っていますか？　自分が夢に向かって進んでいる時に、夢を諦めさせるような発言をする人のことを言います。

「あなたのために言っているのよ」と本人は大真面目に善意でアドバイスをしてきます。足を引っ張る気持ちなど毛頭ないといった感じです。

ですが、ドリームキラーの言葉に捉われてはいけません。大真面目にそのようなことを言われれば、やはり気持ちがゆらいでしまいます。

しかし、自分が追いかけたい、譲れない夢なのであれば、ドリームキラーの発言はまともに受け取らず、「その人なりの励ましのエール」だと捉えると良いです。

ドリームキラーに言われるがまま、諦めてしまった夢は、きっと自分がこの世を去る時に後悔するでしょう。

なので、そのような発言を聞いたら、ドリームキラーの言葉だと思って「励ましのエールをありがとう！」と考えるようにすると良いですね。

私の税理士仲間で元ストリートミュージシャンだった人がいます。その人は大阪出身でギター一本持って、東京に出てきて路上ライブをやっていました。しかし、芽が出ずミュージシャンの道を諦め、ほかの職業を経て40代で税理士となった、異色の経歴の人です。

私は、その税理士仲間と音楽ユニットを組んで、結成記念ライブを行いました（私は学生の頃からサックスが趣味で、20年以上の経歴の持ち主です）。１日限りの開催の予定が、来場者が殺到して、急遽２日間の開催となりました。２日間で合計１３０名もの人が来場してくださいました。しかも、そのライブが好評で、翌年も開催することが決定し、この勢いならライブを毎年継続していくようになりそうです。

元ストリートミュージシャンだったその税理士曰く、路上ライブでは足を止めてくれる人はまばらだったのが、こうして１３０名の前で演奏できて、来場者から大きな拍手をもらう日が来るなんて思ってもみなかった、とのこと。

若い時に「この職業で食っていきたい！」と、頑張っている人も多くいると思います。しかし、その夢が叶わず、違う道に進む人も多くいるでしょう。たとえ違った職業に就いたとしても、夢はそこで終わりではなく、違った形で叶えることも可能だということです。

ドリームキラーの言葉で夢を完全に諦めてしまったら、税理士仲間の彼のように夢を叶えることはできなかったことでしょう。そう考えると、夢とは「職業」ではなく「自分がやりたかったこと」だと思います。自分がやりたかったことをどんな形であれ思う存分やっていくことが、夢を叶えることになるのです。

ぜひともドリームキラーの言葉を励ましのエールと捉え、自分がやりたかったことを、人生を通じて思う存分やっていってくださいね。応援しています。

成功と努力の関係図。1%の成功確率の話

「努力は報われる」という言葉について、肯定的に考えている人もいれば、否定的に考えている人もいます。それぞれ言い分があり、どちらも一理あると思いますが、本当のところどうなんだろうかと考えた時期がありました。

ある時、YouTubeの本の要約チャンネルで、精神科医の樺沢紫苑さんの本と、サイエンスライターの鈴木祐さんの本の要約を観ました。

樺沢紫苑さんは努力と成長曲線の話でした。そして、鈴木祐さんの話は1%の成功確率のものを459回以上継続して行えば、99%の確率で成功することが科学的に証明されているという話でした。

努力は右肩上がりに比例して線が伸びます。しかし、成功は成長曲線のように曲線になっています。その2つの線を重ねた時に、一番離れているシンギュラー・ポイント（特異点）の直前がつらくて挫折するポイントとなります（次ページ参照）。成功できないのは、その手前でみんな諦めてしまうからです。

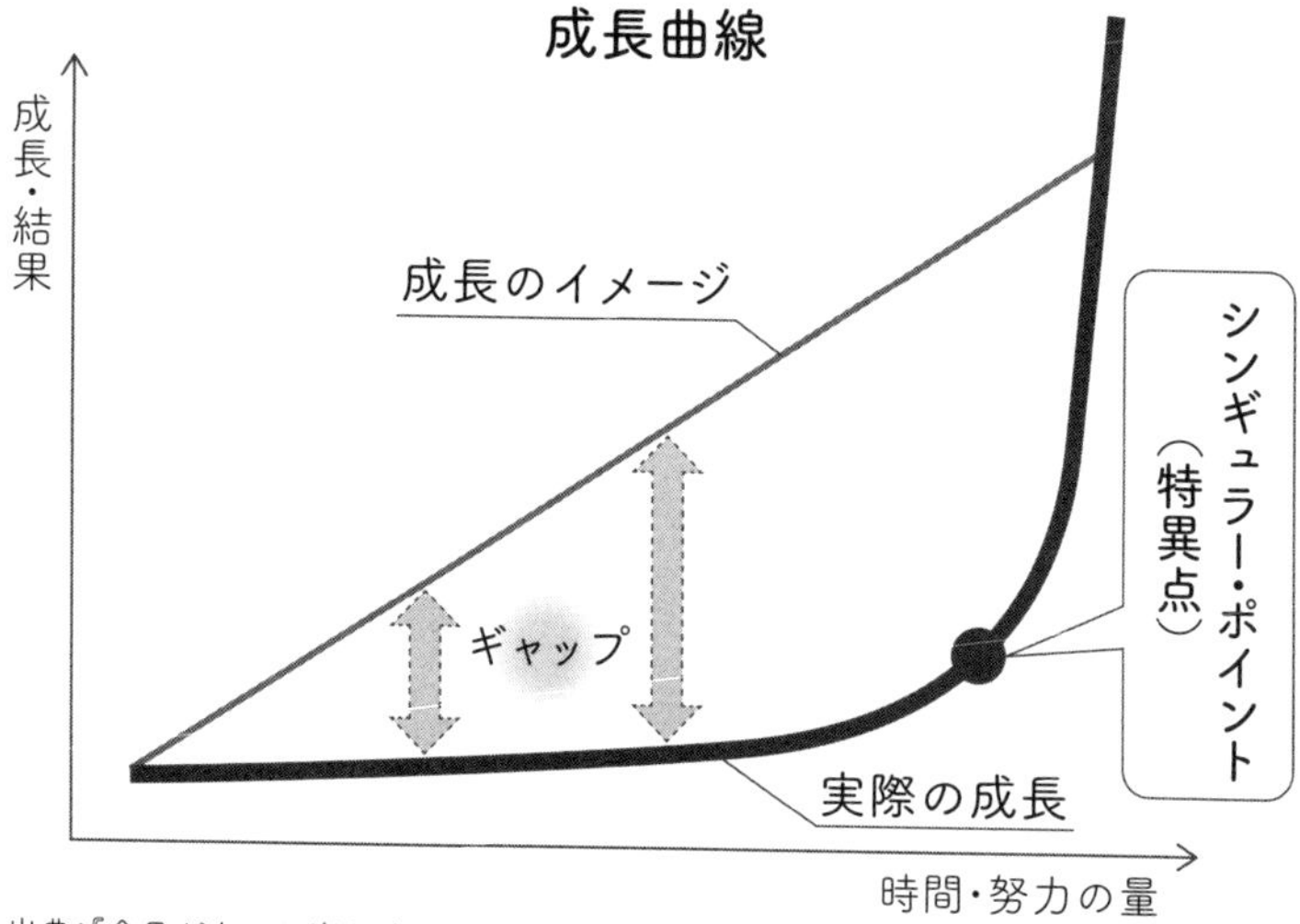

出典:『今日がもっと楽しくなる行動最適化大全』

そして、1%の成功確率というのは、とても低い確率のものです。それを459回以上継続して取り組むことはとても大変なことです。

成功せず、努力が報われずにいる時期（成長曲線が横ばいで伸びている状態）には、「諦めの誘惑」がたくさん訪れます。

自分の夢を諦めさせる「ドリームキラー」が現れることもあります。自分自身が不甲斐ない状態ですから、無様な姿に耐えられないこともあるでしょう。そんなメンタルがボロボロの状態で、459回以上継続するのは大変なことです。

なので、シンギュラー・ポイントの手前で諦めれば「努力は報われる」という言葉に対して否定的になりますし、シンギュラー・ポイントの先まで突き抜けられれば「努力は報われる」という言葉に対して肯定的になるでしょう。

しかしながら、そもそも成功と努力の関係について、知識を持って行動している人はあまりいないと思います。現に私も知らないで行動していました。

今はこの知識を持ったうえで行動していますから、シンギュラー・ポイントまで諦めずにやり続けようという気持ちで臨むことができています。

また、この関係図と1%の成功確率の話を知っていると、自分にとっての成功確率はどれくらいなのかを意識するようになりました。

成功確率が低いもの、つまり、不得意なものだったら459回以上努力をするのは時間がもったいないです。だからこそ、成功確率が高いもの、つまり、自分にとって得意なもので、この関係図の努力に挑戦していきます（『取り柄や才能は、自力では見つけられない』38ページ参照）。

また、努力は「正しい努力」をすることが大前提です。ときおり、的外れな努力をしている人を見かけます。そして「努力が報われない」と嘆いているのです。残念ながら、当然のことです。

頑張るポイントがズレていれば、努力は報われません。頑張るポイントをきちんと的に当てて、正しい努力をすることが大事なのです。

成功と努力の関係図と、1％の成功確率の話は役に立ちますので、ぜひ取り入れてみてもらえたらと思います。

参考文献　『今日がもっと楽しくなる行動最適化大全』
樺沢紫苑・著（KADOKAWA）
『運の方程式』鈴木祐・著（アスコム）

得意な仕事を好きになった人が、結果的に優秀な人材となる

いろいろな優秀な方とお話ししていると一様に「この仕事が好きです」とおっしゃいます。しかも多くの方が、子供の頃から憧れてなった職業というわけではなく、たまたまなった職業が自分にとって得意な分野で、やっていくうちに好きになったと言うのです。

やはり得意な仕事は評価されやすいですから、成功体験を多く積めるようになります。そうなると自信がついて楽しくなり、好奇心と探求心が生まれ、自発的に仕事にのめり込むようになります。そうなればますます成功体験が積めるようになりますから、結果的に優秀な人材になるといった図式なのでしょう。

先に述べたように、私は税理士会の会務活動の一環で、「租税教室」の講義を高校生にするのですが、やりたい職業がわからずに悩んでいる生徒たちが多いので、その際に職業選択のヒントになる話として、生徒たちに次のことを伝えています。

まずは自分の得意なことを見つけること。

得意なことは自分で見つけるのは難しいから、いろいろなことに挑戦して、人から褒め

られたものを素直に受け入れ、褒められたものを伸ばしていくこと。

そして、その仕事を好きになることが大事だと、お話しさせていただきます。

やはり好きなことをやっている時間は、とても楽しいものです。楽しいことをやるから好きになると考えがちですが、好きなことをやるから楽しく感じられるものだと思います。

ですので、仕事は好きになったもの勝ちなのです。

ですが、その大前提として、「得意な仕事」であることが大事です。得意な仕事ではないものは、成長の伸び率が低いので、自分の能力を勝負できるレベルまで持っていくことが難しいです（『成功と努力の関係図。1％の成功確率の話』55ページ参照）。

どんなに好きなことでも、不得意なものでの勝負では、負ける確率が高まります。ですので、まずは得意な仕事を見つけること、それを好きになる、という順序がベストなのです。

もし、皆さんの中で生徒と同じように悩まれている人がいましたら、この話を念頭に置きながら活動すると、仕事選びがうまくいくかもしれませんよ。

どんな人であっても、まだ自分では気がついていない得意なことが必ずあると思います。

ぜひ得意なものを見つけて、仕事を好きになってくださいね。

神様から与えられた試練は受けて立とう

私のお客様の息子さんのエピソードです。

息子さんは医学部を目指して、浪人生をしていました。しかし、再度チャレンジをした医学部が不合格となり、滑り止めで受けた歯学部が合格したとのこと。二浪して医学部を再チャレンジするか、諦めて歯学部に行くか迷っているという相談が、お客様であるお母様からあったのです。

私は「息子さんの意志を尊重することが大事です」とアドバイスしました。

そして、その日の夜に、〈医学部を再チャレンジする〉との報告がＬＩＮＥに届きました。そこで、私はＬＩＮＥのお返事を、息子さん宛てに送りました。

「試験で諦めるような人間は人の命を救うことができない。そのような人は、人の命を簡単に諦めてしまうような人間だろうから」と私は思います。これは神様が「君が人の命を簡単に諦めてしまうような人間かどうかを試している試験」ではないでしょうか。

つまり、「医師としての適性を持った人間かどうか、見定める試験」だと思って、１年間を過ごしてほしいです。

そして、君の「諦めの悪さ」を神様に見せつけてあげましょう。成功確率が1％の事柄を459回以上継続して行えば99％の確率で成功することが科学的に証明されているそうです。頭の良し悪しではなく、情熱を持って諦めなかった人間が、最後に成功を勝ち取るのです。自分を過信せずに、愚直に諦めずにやり切ることが、受験生を5年間やってきた私の経験から得られた成功の秘訣です。応援しています。頑張ってくださいね。

神様は乗り越えられない試練は与えないとよく言われています。私もいくつかの試練を乗り越えてきた人間ですが、本当にそうだと思います。

だからこそ、「受けて立とう！」くらいの気概で臨むのが良いのではないでしょうか。

何をやってもうまくいかない時はとてもつらいですよね。ですが、そのような状況も人生での学びとして必要なことだから、神様が与えているのかもしれません。

明るく前向きに捉えてみましょう。「そんな時こそ大きくジャンプをする前の屈伸作業だ！」と思って向き合うと良いですね。あと、試練の時は必ず味方になってくれる存在がいることを忘れないでください。1人で戦っている気持ちになりがちですが、味方になってくれる存在は必ずいます。ですから、勇気を持って試練を乗り越えていってくださいね。

column

応援は原動力になる

私は子宮筋腫を患い、子宮を全摘出する手術を行いました。手術をしたのがちょうどコロナ禍の真っただ中で、面会はNG。1人で人生初の開腹手術に臨むのです。正直不安でいっぱいでした。そんな時に、いろいろな人から励ましの言葉をいただきました。入院中は広い個室に1人ポツンとベッドに横たわっている状態。そこにスマホにたくさんの電話やLINEが来るのです。

ある社長さんからの電話です。「今電話するのはどうかと思ったけど、おそらく暇しているだろうから電話してみた」と言って、他愛もない話をしてくれました。

LINEでは、「明日手術だろ？　手術の時間、祈っているから。って、暑苦しい俺に祈られても迷惑か（笑）」と男性の友人から。そこで私は「普段だと暑苦しく感じるけど、ソーシャルディスタンスができているから、どんどん祈ってもらって大丈夫よ。ありがとう」と返信すると、「ははは。きみなら大丈夫だ」というメッセージが返ってきました。

たくさんの人から励ましをもらい手術に臨むのですが、退院後の私には、容赦なく申告書の作成業務が待っていました。私は覚悟を決めました。絶対に短期間で回復してみせると。神様から与えられた試練に受けて立とうと思ったのです。

手術の翌日、さっそく私はベッドから起き上がり、部屋の中を歩き回りました。足に血栓ができないように歩いたほうが良いと医師から言われていたからです。おなかの痛みをこらえ、歩き回りました。

そして、私は回診に来た医師や看護師さんと積極的に雑談するようにしました。やはり私は人と話をして、人を元気づけることが好きなのです。それが、私が元気になれる一番の方法であると思い、いろんな方に話しかけるようにしたのです。そして、コロナ禍で満足に買い物もできずに頑張っている医師や看護師さんのために、コロナが収まったらぜひ行ってほしい私のお気に入りの店やお取り寄せ品を、A5判のメモ用紙5枚にびっしりと書きました。末尾に「皆さんを応援しています」とメッセージを添えてお渡ししたところ、医局内で大喜びされ、「こんなことをする患者さんは初めてです」と医師に言われました。

そんな毎日を送ることで活力が湧いてきました。その結果、手術後10日間で退院。

翌日から仕事を開始して、１か月後の術後の検診で病院を卒業して良いと、医師のお墨つきが出ました。手術後１か月でそこまで回復するのは稀だそうです。医師が驚いていました。

応援は原動力につながり、病気をも回復させる力があるのだと確信しました。それを機会に、私はご縁のある方々を応援したいと、より一層思えるようになりました。

私が尊敬している音楽仲間のお母様が亡くなられた時に、励ましのＬＩＮＥを送りました。すると、こんなお返事が届きました。

「温かい言葉をありがとうございます。あなたの人柄に今回とても救われました。以前から思っていましたが、千恵ちゃんのいつも優しい、周りの人への心配り、なかなかできることではありません。こんなに疎遠になっている僕にも気にかけてくれて、涙が出るほど嬉しいです。千恵ちゃんは本当に人生を楽しく生きている塊ですね。いつも光り輝いて見えましたよ。本当に素晴らしいことですね。心から応援しています」

私はこの文面を読んで嬉しくなり、「また頑張ろう！」と思えるようになりました。

温かい応援の言葉は、その想い自体が温かいので、それがエネルギーとなり、原動力になります。いろいろな人に温かい応援の言葉を投げかけていると、結果的に自分に返ってきて、自分自身の原動力につながります。

なので、皆さんも温かい応援の言葉を投げかけて、自分の心を温かくしてもらえると良いですね。

第2章

できる上司になる心得が身につく11のメッセージ

居眠りをした新入社員を叱るのは正しいこと？

営業担当になった新入社員がお客様に挨拶回りをした時のエピソードです。先輩の営業マンが同行することになり、先輩が運転する車で訪問先へ向かっていました。

その際に不覚にも、助手席に座っていたその新人さんは居眠りをしてしまったのです。それに腹を立てた先輩営業マンは、お客様の挨拶回りの帰り、「お前が運手しろ。ナビは見るな」と言ったのです。

新人さんは居眠りをしていたので、当然来た道がわからず、会社に帰ることができません。そして、先輩営業マンは彼を叱りつけたというものです。

私はこの話を聴いて、先輩営業マンは誤ったことをしたなと思いました。

新人さんはただでさえ覚えることが多く、気も張っています。疲労感は半端ないと思います。私だったらお客様のところまで寝かせておきます。そして、疲労を回復させて良いコンディションになった状態で、お客様へのご挨拶をしてもらうようにします。

その際には「いろいろと覚えることが多くて大変だよね。仕事のモチベーションを保つためにはメリハリが大事だから、どこで力を入れるべきか、どこでインターバルを置くかを学んだほうが良いよ。居眠りをしたことは褒められることではないけれど、それを学んでもらえればいいから。あと、夜更かしせずにきちんと睡眠をとって、今日の疲れを明日に残さないようにね」と言います。

このようにしたほうが何倍もいい結果が残せると思うのです。

それに、部下は「この上司は自分のことを想ってくれている」と感じ、心が救われることでしょう。自分のことを理解してくれる人には、信じてついて行きたいという気持ちになると思います。

良い結果が残せればそれが成功体験になり、自信がつきます。そうなれば、習得も早くなり、心に余裕が出てくるようになります。その結果、仕事が好きになり、主体的に動けるようになるでしょう。

また、長く仕事をしていれば、どこで気を抜いたらいいか、肌感覚でわかってくるものです。しかし、新人の頃はそれがどこなのか、皆目見当もつきません。

人間1日中、気を張って仕事をするのは無理というものです。新人さんに逃げ道をつくるように心がけることも、良い人材を育てる近道ではないでしょうか。

叱るとは、再発防止策を一緒に考えるのがワンセット

いろいろな業者さんとやり取りをしていると、トラブルをこうむることが多々あります。おそらく上司は部下を叱責するのだろうなと想像するのですが、はたして上司の方々は再発防止策を一緒に考えたりするのかなと、疑問に思うことがあります。というのも、同じ不手際が繰り返しされることがあるからです。

ただ叱るだけでは、再発防止策を部下に丸投げしていることと同じです。再発防止策を経験が浅い人間に求めても難しいでしょう。過去の経験からしか再発防止策のアイデアは生まれません。

だからこそ、叱るのであれば、上司は部下と一緒に再発防止策を考えるべきです。つまり叱ることと再発防止策を考えることは、ワンセットなのです。

また、叱られている時の部下の心理状態を想像してみてください。「失敗をしてしまった……」というショックを受けた状態で上司の話を聴くことになります。言わば冷静な精神状態ではありません。

また本人は一生懸命聴こうと思う反面、責められていることがつらくなり、逃げ出したい気持ちになっているでしょう。「早くお叱りが終わらないかな」とか「つらいな。嫌だな」とか、いろいろなことが頭の中を巡っています。

結果的にあまり話が頭に残らず、聴けていない場合もあるかと思います。耳には入っていても、冷静な精神状態ではないため、話の内容が心に届いていない状態になっているのです。

上司がどんなに情熱と愛情を持って叱っていても、叱られる側の受け皿がきちんと整備されていなければ、聴くことはできません。だからまた、同じ失敗を繰り返してしまうのです。

それを改善しない限りは良い方向にはいきません。失敗を繰り返すことで部下は自己肯定感が下がりますから、仕事が苦痛になり、ますますやる気をなくしていきます。悪循環です。だからこそ上司のあなたは、部下にこう言うのです。

「失敗は自分自身を成長させるチャンスです。再発防止策を一緒に考えましょう」

失敗の原因が何なのかを突き止め、それに対する再発防止策を一緒に分析するのです。

再発を防止するためには、部下個人の能力を伸ばすべきなのか、それとも職場環境の改善が必要なのか、分析することができれば、再発防止の方向性が見えてくるはずです。

同時に、部下がやるべき努力もあります。それは「叱られる受け皿」の整備をすることです。

「叱られる受け皿」とは、冷静な精神状態になって上司から発せられた言葉の感情的な部分をそぎ落として、話の中身の本質部分を聴こうとする意識です。

どうしても上司の感情的な言葉に意識が引っ張られてしまいますから、それに負けないようにすることが大事です。

また、上司が一方的に叱るのではなく、部下がきちんと理解できたか、最後に部下の口から部下自身の言葉で、伝えた内容をしゃべってもらうことも重要です。そうすることで、部下がどれくらい理解できているか、上司は確認することができます。

先に示したように一方的に話しても、部下が聴けていない精神状態であれば、伝わっていません。だからこそ、きちんと伝わっているかどうか、部下の口から自分の言葉で話してもらうことが大事なのです。

本来、不手際の後処理は要らない仕事です。不手際を繰り返すということは要らない仕事が増えるだけです。しっかり再発防止に取り組んでいきましょう。

部下の武器の見つけ方。不得意なものが狙い目

私は税理士試験で、簿記論という科目を落ち続けていました。周りのみんなから「何で受からないんだろうね」と不思議がられるほどでした。私においても理由は不明でした。そしてその結果、税理士試験の中で一番勉強したのが簿記論になりました。

しかし、実際に税理士という仕事をしてみて、もっとも私の血肉となり、能力を発揮している得意分野が、簿記の知識なのです。

サラッと受かってしまったほかの科目よりも、何度も不合格になったことで一番勉強した簿記の知識が、誰にも負けない武器になっています。

税理士は実は、得意分野が異なっています。相続税が強い税理士もいれば、法人税を得意とする税理士もいます。

そうした中で法人税や所得税について、どんなに得意とする税理士でも、そのベースとなる会計帳簿の知識（簿記の知識）が弱い人はいます。

このように一見不得意だったものが、継続して向き合うことで、結果的に武器になって

いるケースが少なくないと、私は実感しています。

部下の長所を見つける際には、その部分に着目してアドバイスしていくといいかもしれません。そのためには、部下本人にヒヤリングすることから始めてください。

その時に部下は、得意なことなら雄弁に語れるかと思いますが、不得意だったことはなかなか話したがらないでしょう。ですから、上司のほうからご自身の不得意だったことのエピソードを話していくといいですね。

失敗をしてそれと向き合った時の話、試行錯誤の末に現在は克服した話などをしていくと、部下は話しやすくなるかもしれません。

部下が自分では認識していないことでも、それが一番の武器ということがあります（『取り柄や才能は、自力では見つけられない』38ページ参照）。上司であるあなたは、それを素直に褒めて、武器であることを伝えていくと良いですね。

そして、その武器を伸ばしていくのをサポートしてください。すると部下も自信がついて、どんどん能力を発揮していくことでしょう。

人材育成は大事です。ご自身の仕事の効率化にもつながります。ぜひご自身のためにも頑張ってくださいね。

部下がお客様との信頼関係を築けているか見届けよう

いろいろな業者の人とのやり取りで、大事な人が上司になっている人が見受けられます。自分の給料は会社からもらうものなので、会社の上司のほうばかりに意識がいっている人です。

お客様からいただいた売上から給料が支払われているという認識がないのでしょう。これはおそらく無意識にそうなっているように感じられます。

本人は頭では、お客様が大事だと思っているはずです。しかし、それは漠然と思っていることであり、自分の給料はお客様の売上で成り立っているという意識が、抜け落ちているのでしょう。

つまりどういうことかと言うと、契約を取ったらこっちのものといった具合に、その後のお客様に対する扱いが、雑な人が多すぎるのです。

例えばこのようなケースです。契約を取った直後は御用聞きにアポイントを定期的に取ってくるのですが、いつしか来なくなります。しまいには、担当が変更になったにもかかわらず、そのことをお客様に伝えておらず、お客様は何かあった時に、結局誰に相談したら良いかわからなくなる、といったことなどです。

契約を取ったら終わりではありません。お客様を雑に扱えば、次につながる仕事はないのですから、最後までお客様のほうを見ることが大事であることを、上司はきちんと部下に伝えていくべきです。

と言うことは、部下の行動や立ち振る舞いから、お客様に意識がいっているかどうかを、上司が見極めなくてはいけません。それも上司の役割でしょう。

しかし、これは結構、至難の業だと思います。なぜなら、お客様と部下のやり取りを上司は直接見ていないケースが多いからです。

ですから、ときどきお客様のところに上司も同行し、お客様と部下のやり取りを把握することが大事です。上司が部下と同行することで、部下がどれだけお客様と信頼関係を築けているかが、上司は把握できます。

お客様にとっては、わざわざ2人で訪ねてきてくれれば、丁寧に扱われていると思ってもらえるでしょう。上司がお客様に「久々にお顔を見たくなって」と言ったら、お客様は嬉しいはずです。そうした点でも同行はとても有効です。参考にしてもらえたら幸いです。

部下のSOSに気づくために、優しく声かけをしよう

私の夫は結婚直前でうつ病を発症して仕事を辞めました。うつ病などの精神疾患は誰もが起こりうる病気です。昨今、精神疾患を抱える人が多くなってきています。

精神疾患を患っている時は、以前できていたものができなくなるので傍から見ると、不可解な行動に映ります。ですが、初期の頃は「疲れているのかな？」と感じるくらいの気にも留めない程度なので、そのつらさに気づかない場合が多いです。周りが明らかな異変に気づく頃には結構、深刻な状況だったりします。

夫はこう言っています。

「うつ病は心の風邪と言われているけど、うつ病は心のがんだと思う。早期に発見すれば早期に治る。だけど早期に発見しないと長引いて、深刻な状況になってしまう。だから心がしんどくなったら、すぐにSOSを出すべき」

社会人1年生向けの1章の『我慢は単なる自己満足である』（42ページ参照）で触れまし

たが、心の病気も我慢はせずに、すぐに病院に行くことが大事です。

SOSは家族が気づきやすいと思われがちですが、案外家族は気づきにくいものです。なぜなら日中会社に行っていれば、不可解な様子が見えにくいのです。また、大切な人の前では迷惑をかけないように、自分を良く見せようと振る舞う人が多いので、家族はかえって気づきにくいです。

なので、会社が一番気づきやすい場所となります。そして、それを気づける存在が上司だと思います。つまり、心の不調の早期発見において、上司の役割は重要なのです。

例えば、今までできていたものに対してミスが目立つようになった、顔の表情が無表情になった、雰囲気に違和感があるなどがあったら、優しく声をかけてあげてください。

その時はミスをとがめたり、「どうした？　何かあった？」などの詮索をしたりしないで「精神的につらいようだったら、我慢しないで病院に行くといいよ」と促してあげると良いですね。

うつ病は長引けば、その人の人生に大きく影響するものです。上司の思いやりのある声かけが部下の人生を救うことになります。肝に銘じておくといいですね。

褒め言葉を言う時は、尊敬言葉も添えられたら、なお良い

「人は褒めて伸ばそう」とよく言われます。上司であるあなたは、褒める訓練をしたことがあるかもしれませんが、褒めることが恥ずかしくて、なかなかできない人も多いと思います。ですが、私は褒めるだけでは惜しいなと思います。相手を尊敬する言葉も一緒に添えられると良いですね。

尊敬することは相手の自己肯定感を高めることができます。また、その人の存在を認めているという気持ちが相手に伝わります。

この「存在を認める」というのが大事で、「あなたのことをきちんと見守っていますよ」という意味合いにもなります。部下にとってその想いは、とても心強いものだと思うでしょう。

私には20年以上一緒に働いているビジネスパートナーがいます。その方は私よりも会計の実務経験は長く、ベテランです。私が心から尊敬している女性です。

その女性は、いつも私のことを褒めてくれます。そして尊敬の言葉も一緒に添えてくれ

ます。「最後は矢野さんが引き受けてくれるから、私は安心して仕事ができるの。私のできない部分をカバーしてくれるからね。その安心感を与えてくれるのって、すごいことよ」と言ってくれるのです。

本人はそれを意識的に発言しているのではなく、自然体で言っているのでしょう。おそらく自覚はないかもしれません。

ですが、私にとってその彼女からの「言葉の花束」は、とても勇気をもらえるのです。私はその言葉を胸に頑張ることができましたし、こうして自分らしくイキイキと、安心して自由に活動ができているのです。だからこそ、ここまで税理士として成長できたのです。私も彼女を見習って、相手を賞賛したいと思った時は、恥ずかしがらずに勇気を持って、褒め言葉と尊敬言葉の「言葉の花束」を贈るようにしています。

このように、上司が部下を尊敬することで、部下からも尊敬されるようになります。お互いにとって良い効果が出てくると思います。

素直に相手を尊敬できる人は、尊敬される人間です。そのことを頭の片隅に入れて、自分磨きをしていきましょう。その一歩として、積極的に尊敬言葉も言ってみると良いですね。

意識して大切にすべきもの

皆さんは「重要性が高いが、緊急性が低いもの」について、どれくらい向き合っていますか？

忙しい日々の生活に追われていると「重要性が高く、緊急性も高いもの」ばかりをこなしていて、緊急性の低いものは後回しになってしまうことがあるかと思います。

「重要性が高いが、緊急性が低いもの」は「重要なのは理解できるけど、今はそれどころではない」という心情になってしまいます。

「重要性が高いが、緊急性が低いもの」とは、とかく面倒くさくて即効性はなく、緩やかな効果なため、取り組むには相当のエネルギーが必要となります。言わば、健康管理のためのダイエットのイメージです。

仕事を言い訳にして健康管理を怠ったことにより、体を壊してしまい、幸せな人生が送れなくなるように、「重要性が高く、緊急性も高いもの」や「重要性が低いが、緊急性が高いもの」ばかりに目を向けて、重要性が高いものを疎かにしたことによる弊害は、悔やんでも悔やみ切れないものにつながってしまいます。

それは自身の健康だけに限らず、人間関係においても同様です。急ぐあまりに要点のみを伝えて、感謝の気持ちや、相手を思いやる温かみのある言葉を伝えることを疎かにすることで、殺伐として寛容ではない関係性に陥ってしまいます。説明が言葉足らずになってしまったり、信頼関係も築きにくくなったりして、良好な人間関係がつくれなくなるでしょう。

私は過去に台風による床上浸水の被害に遭いました。迫りくる川の水を見ながら命の危険を感じ、「人間に与えられた有意義な時間は長いようで短い」と実感しました。

面倒くさくて効果もあまり感じられない「重要性が高いが、緊急性が低いもの」にきちんと意識して向き合うことが、限りある人生の時間において、順調に物事が進んでいくことにつながると私は思います。

木を切るために必死にのこぎりを動かすことも大事ですが、立ち止まってのんびりと休みながら刃を研ぐことで効率の良い結果が得られる、そんなイメージです。

また、「重要性が高いが、緊急性が低いもの」に取り組むのは漢方薬を服用していることに似ています。西洋医学の薬と違い、漢方薬は緩やかな効き目です。漢方薬は苦いので

飲む際には憂鬱な気持ちになったりするかもしれません。ですが、体に優しく効いていきます。

そのような感覚で「重要性が高いが、緊急性が低いもの」に向き合ってみると良いですね。

上司の皆さんは部下の育成という立場を担っています。部下の育成はまさに「重要性が高いが、緊急性が低いもの」となります。ですから、それを意識して臨むことが大事だと思います。さらに言えば、レンガの家をつくる意識で取り組むことが大事です（『仕事は、藁の家をつくるのではなく、レンガの家をつくる意識で』110ページ参照）。参考にしていただけると幸いです。

男性と女性の思考の違いを知ることは、トラブル防止につながる

男性と女性の思考の違いによる行き違いはよくあることです。

最近「男性脳」と「女性脳」についての本などが出ており、男女での考え方の違いを学ぶ機会が増えてきました。

女性はホルモンバランスの影響が大いにあるので、その理解だけでも男性側がしてもらえると、女性側の心は救われるのではないでしょうか？

数年前に私の発案で、男性産婦人科医を講師に招き、更年期障害の相互理解を図るセミナーを税理士会で開きました。

女性のホルモンバランスのゆらぎによって、精神的に不安定になってしまうことなどの体の不調について、男性の産婦人科医に話をしてもらいました。女性の体に対する知識が男性にも受け入れやすくなり、お互いに理解が深まった場となりました。

また、私の夫が15年くらい前に、リラクゼーションサロンで店長として働いていた時のエピソードで興味深いものがあります。

生理が重く、ピルを服用している女性スタッフが、生理の期間は仕事を休ませてほしいと夫に申し出ていました。そのため夫は彼女の生理周期を把握してシフトを決めていました。あるシフト決めの時にその女性スタッフが、生理期間になるのに出勤可能と意思表示をしていたので、生理期間ではないかと夫が本人に確認したところ「うっかりしておりました。教えていただきありがとうございます。助かりました」と言うのです。「何かメンタル面や体調面で不安なことがあったら遠慮なく言ってください」と夫は女性スタッフに伝えていたので、女性スタッフはとても働きやすいと言っていたそうです。不安を抱えずに仕事に専念できたことによって、その女性スタッフの能力が発揮されました。

もし、男女間で相互理解が図れていなければ、このような状況にはならないでしょう。女性が自分の体の不調を隠しながら仕事をすると、作業効率が低下します。精神的に不安定になり、イライラしている状態で男性社員と接することになります。女性の体調に理解がない男性社員は、嫌悪感を抱くかもしれません。そうなれば、当然職場の人間関係は良好にはなりません。

また、女性も男性のことを知る必要があります。女性は生物学的に処理能力が男性よりも高いと言われていますが、その処理能力の高さを男性にも同じように求めようとしている女性が見受けられます。

わかりやすい例を挙げます。旦那さんに対して家事がうまくできないことを「こんなこともできないの？」と言っていたりしませんか？

女性の中には自分自身ができることを基準にして、それを男性ができないとイライラしてしまう人が一定数います。

「男性たるもの」とか「女性たるもの」とか、イメージで決めつけるのは良くないですが、男性と女性では能力に違いがあるのですから、そのことを認識して同じように求めるのではなく、適材適所で任せていくようにしたほうがスムーズに事が運びます。お互いにイライラしなくて済むように思います。

男女の性差を知ることはセクハラとは似て非なるものです。お互いに性差を知って相互理解を図り、お互いを思いやる職場環境をつくっていくことは、従業員にとって働きやすい職場になります。思いやりの声かけは大事です。そのためには共感力が欠かせないスキルとなります。上司が率先して思いやりの声かけを行い、それが定着化すれば、最終的には企業全体が良くなっていくことにつながります。

ですから、男女の思考や体の違いを知ることは大事ですね。

上司が未熟だと、優秀な人材が離れていく

私に起きたトラブルの話です。私のところに送られてくる郵送物の住所が間違っていました。

私は住所が間違えている旨を営業担当者にお伝えして、改善してもらうようにしました。しかし、後日、また違う部署から送られてきた郵送物も住所が間違っていたのです。

営業担当者は顧客管理ソフトを間違いなく確認し、改善を図りました。

この営業担当者は大変優秀な人で、私がとても信頼している人（『感動を生む凄腕若手営業マン』150ページ参照）です。社内で調査することを約束し、この件について対応してくれていました。

にもかかわらずそのような事象が起こったので、今度はほかの部署への連携をきちんと図るよう、上司にも伝えてほしいと、その営業担当者にお願いしました。ですが三度、また別の部署からの郵送物の住所が間違っていたのです。

私は、これは営業所全体の問題だと思ったので、上司と話がしたいと、この営業担当者

に伝えました。後日、上司と営業担当者と直接お会いすることになりました。

　すると、その上司が開口一番、こう言ったのです。

「営業担当者の不手際により、大変ご迷惑をおかけしました」

　なんと、不手際を部下に擦りつけたのです。今回の問題は、営業所全体の問題であり、営業担当者の不手際ではありません。むしろ営業担当者はお客様である私のために尽力してくれていました。

　百歩譲って営業担当者の不手際だったとしても、このような場では上司が自らのいたらなさを謝罪する流れだと思います。

　部下は上司の横でショックを受けた顔をしていました。

　後日、その営業担当者と話をする機会があったのですが、彼は「上司は私が入社してすぐに仕事を教えてくれた方で、とても尊敬していました。そんな人があのように発言したのはショックでした」と沈んだ様子でした。

　そこで私は「あなたはお客様である私に尽力してくれたから悪くない。ただ、上司が優秀とは限らないから、客観的な目を養っていくことは大事です」とお伝えしました。

　その後私のプロジェクトが終了し、その営業担当者とのやり取りはなくなりましたが、折に触れて連絡を取っていました。しかし、社内でやはり思うことがあったのか、彼は転職を決意し、会社を辞めていってしまいました。彼は辞める前に2年分の売上を叩き出していたそうです。

彼がどのような想いで2年分の売上を出したのかはわかりません。

私はこの会社にとってその営業担当者は宝だと感じていたのですが、それを宝だと気がつかなかった上司は、やはり優秀ではないのだと思いました。

社員教育は新入社員に向けて行うことが多いでしょう。しかし、それだけでなく、上司が対象となる社員教育が必要ではないかと思います。

せっかくいい人材が入社したとしても、上司が未熟なせいで良い人材が流出してしまうのはもったいないです。上司も成長していく努力が大事です。

いろいろな経験を積んだ人こそ、新しいことに挑戦しよう

他人の失敗について「無能なダメな奴」と、人の批判ばかりしている人がいました。しかし、当の本人は何の挑戦もせず、現状にうまくいかないことを周りの環境のせいにしていました。また「自分はまだ本気を出していないだけ」と言ったりして、いかにも自分は有能だけれども、ただやっていないだけと主張する人でした。

「何も挑戦していないのに人の批判をするなんて……」と私は心の中でつぶやいていました。

人の批判ばかりしている人は未熟な人だなと思います。

失敗を恐れずに挑戦して、挑戦と失敗を繰り返している人からは、他人への批判の言葉は出てきません。なぜなら他人の失敗に共感するからで、批判する気持ちなんて湧きません。さらに、そんな批判ばかりをしている人に構っている時間を持ち合わせていないからです。

そして、人は失敗を恐れず勇気を持って一歩前に踏み出せば、自然と成長していきます。

やがて人間的に成熟していくのです。

私自身、今はいろいろなことに挑戦し、そして失敗を繰り返して成熟した人間になったと自負していますが、実は何を隠そう、私も人のことが言えない時期がありました。

若い頃（「人生の暗黒期」と呼んでいます）は、冒頭に紹介した人と同じように、自分は挑戦をせずに、人の批判ばかりをしていました。だから今、自分自身を振り返って、私も未熟だったと思っています。

未熟だった人間が勇気を持って挑戦する人になることもあれば、勇気が持てずに未熟な状態のままで歳だけ重ねていってしまう人になることもあります。その２人の差は何なのでしょうか？

それは新しいことについて、好奇心を持って臨むことができるかどうかだと私は思っています。

私が東京から栃木に移り住んだ時、いろいろな人から「都会から田舎に住むのは不安だらけだったでしょう」と言われました。

私は「いいえ。新しい経験ができると思うとワクワクしかなかったよ」と答えます。

新しいことは当然初めてのことですから、失敗する可能性が高いです。その不安にフォーカスするよりも、新しい経験ができるワクワク感にフォーカスするほうが、勇気を持って挑戦することができます。

私は栃木という縁もゆかりもない土地に移り住んで、さらに独立開業という大きな挑戦をしました。

しかし、失敗の不安はほんの少し感じただけで、それよりも新しい経験ができることへのワクワク感が大きく上回ったのです。おそらく、未熟な状態で歳だけ重ねていっている人は、そのような考えにはならないのだろうと思います。

未熟なまま歳を重ねてしまった人は、ぜひとも新しい経験ができることへのワクワク感を持って、挑戦と失敗を繰り返し、人間として大きく成長してほしいです。そして成熟した魅力溢れる人間になってくれることを願っています。

また、新しいことを始めるのに年齢は関係ありません。年齢を言い訳にしてやらない人が多いですが、「成長したい」「変わりたい」と感じた時が始め時です。

その「成長したい」「変わりたい」と感じる時というのは、次のような状況だと思います。

人生経験を積んでいくと、仕事や暮らしに慣れていきます。自分なりのルーティンが確立されます。よって、居心地が良く、ストレスを感じることはありません。

しかし、そうした期間を長く過ごすと、物足りなさを感じ始めることでしょう。そして、「このままで良いのか?」という、うっすらとした将来への不安、例えば、定年退職後の人生設計などが頭をよぎります。ですが、居心地が良いので、新しいことに挑戦する勇気が持てず、新たな行動を起こさない言い訳ばかりを考えてしまう……。あなたはどうでしょうか? 言い訳ばかり考えていることを頭でわかっていながら、現状に甘んじて、挑戦しない人も多くいると思います。

そのいっぽう、うっすらとした不安に向き合い、「やはりこのままではいけない。成長したい。変わりたい」という気持ちが湧き出てくる人もいます。

さあ、勇気を持って現状から抜け出してください。成長できるチャンスの時期が来たのです。成熟した魅力溢れる人間を目指すことで、第二の人生に向けての準備がいち早くできるのではないかと思います。

上司である皆さんは40代や50代くらいの人が多いでしょうから、いろいろな経験を積んでいます。ですので、「機は熟した」と思って、ぜひ好奇心を持って自分自身の将来のためにいろいろと挑戦してもらえると良いですね。私も今よりも一層そういう人間になれるように頑張りたいです。

「忙しい」と「忘れる」は、どちらも心がお亡くなりになっている

漢字と言うのはうまくできたもので、すごく奥深さを感じることがあります。中でも「忙しい」と「忘れる」という漢字ですが、どちらも心を亡くすと書きます。

そして、いろいろな方を見ていると、忙しい人や人との約束を忘れる人というのは、「自分の心」がお亡くなりになっていると感じます。特に上司の皆さんに多く見受けられます。

自分の心がお亡くなりになった状態で物事を進めても良い成果にはつながりません。実際には忙しく動いている人でも、心がお亡くなりになっていない人は、忙しいと感じていないはずです。現に私も忙しく過ごしていますし、みんなから「忙しそうだね」とよく言われます。しかし、私自身、忙しいと思ったことがありません。それは心が生きているからでしょう。逆に客観的に見て暇そうな人でも、人との約束を忘れる人がいます。そうした人の心は、やはりお亡くなりになっているのです。

それに私は人との約束については、どんな小さな約束でもきちんと果たすようにしてい

ます。私も人間なのでうっかり忘れてしまうこともゼロではありませんが、しかしながらほかの人と比べると少ないほうだと思います。忘れずに約束を果たせているのは、それはやはり心が生きているからでしょう。

なので、「忙しい」と感じたり、「忘れる」ことが多くなったりしたら、心がお亡くなりになっている危険があります。蘇生するように自分を大事にしてくださいね。

蘇生するには、やはり心身ともに健康になることが必要だと思います。良質な睡眠や栄養のある食事、適度な運動です。私は運動が苦手なので偉そうには言えませんが、短時間の軽いもので良いでしょう。

あと、自分自身の琴線に触れるようなものを見聞きしたり、非日常の空間で過ごしたりすることもオススメです。一般的には自然に触れるのが良いと言われています。確かにそれも有効ですが、私のように自然に囲まれて生活している人は、逆に都心の刺激に触れることでエネルギーが得られます。田舎に住んでいる人で「都会に行くと疲れる」と言う人もいますから一概には言えませんが、非日常の空間を過ごせればいいのです。自分に合った非日常を見つけてみるといいかもしれません。

物理的に忙しい状況でも、心がイキイキと生きている状態で過ごしていけるようにしていってくださいね。

上司は、自身の仕事のほかに、部下の面倒を見て、経営者の期待に応えなければならないので、物理的にも精神的にも一番大変なポジションかもしれません。しかも成果が目に見えてわかりやすいわけではないため、頑張っているのに報われないと感じている人が多いように思います。

また、家庭では例えば、子供の成長によるさまざまなライフイベントがあり、いろいろと大変な時期だと想像します。心が休まらない状況だったりするでしょう。言わば一番癒しを求めている人たちなのかもしれません。そんな人はぜひ自己愛を大切にしてくださいね（『自己愛と自己中心的な考えは、似て非なるもの』125ページ参照）。

頑張っているのに報われないと感じているかもしれませんが、日本の経済を支えているのは皆さんのような人たちだと、私は思います。部下や経営者が安心して仕事ができるのも、上司の立場であるあなたの支えがあってこそです。

ということは、日本の経済を支えているのは、縁の下の力持ちとして仕事をしている皆さんの功績であるということです。ぜひそのことを忘れずにいてほしいなと思います。私は頑張る皆さんを応援していますし、皆さんの活躍を心より祈っています。

column

結婚相手は高値づかみしがち。成長株を狙うのが吉

よく結婚相手の条件というものを尋ねると、理想が高い人がいます。昔は３高（高身長、高収入、高学歴）、今は４低（低姿勢、低燃費、低依存、低リスク）などとさまざま言われていますが、やはり、条件を言っている時点で高値づかみをしているなと感じます。

条件とは、「今」の時点でのことを見て、判断しています。ですが、人は環境が変われば、考え方も変わります。今の時点の条件は、未来の条件に当てはまらなくなったりします。そうした時、「こんなはずじゃなかった」と思うのではないでしょうか？

それに、条件に合致した理想の人が現れたとして、ではあなたはその相手に何をして差し上げられるのでしょうか？　あなたはその相手の条件に相応しい人間になっているのでしょうか？

私の夫は、結婚が決まった当初うつ病を患い、無職となりました。彼は、私との結婚は破談になると思っていたそうです。

私は彼にこう言いました。

「結婚したあとでうつ病になったら離婚できるの？　できないでしょう。ならば、結婚を決めた時点で結婚したと同じなのだから、私は結婚するよ。闘病は〝病と闘う〟と書くでしょ。うつ病と2人で闘おう。治せばいいのだから」

そして、私は迷わず結婚しました。

破談にする選択肢もありましたが、結婚を決めた理由は、どん底の時に、彼に自分の力で成長したいという気持ちを感じたからです。何と言っても、うつ病と1人で闘おうとしたのですから。そして、私はこの人とだったら、一緒に成長していきたいと思えたのです。

お互いに自立して、見返りを求めず、支え、与えられる存在であると感じられたのです。だから私は幸せになれると確信しました。

相手から与えてもらおうという考えでは、幸福感は得られません。条件を提示している時点で、相手からの見返りを期待している気持ちが見え隠れしています。

条件つきの状態で、その人の良いところも悪いところもすべて含めて存在自体を受け入れ、認めてあげることができるのでしょうか？

自分が相手に何をしてあげられるか、そして、その人と一緒に未来の変化に対応して成長していけるか、それが結婚において大事なことなのではないかと思います。

結婚は生活ですから、恋愛の気持ちではなく、愛情を持ってともに成長する同志として一緒にいたいと感じられる人が良いと私は考えています。

結婚がゴールではなく、新しい家族としての生活のスタートです。ともに成長する同志と出会い、素敵な結婚生活を送ることを祈っています。

ちなみに、私は結婚して約20年になります。喧嘩という喧嘩はしたことがありません。意見が食い違う時は議論をして、お互いに解決に向けての糸口を探します。感情的にならず、冷静に話し合うことをしています。

周りからは「仲良し夫婦」とよく言われますし、実際に仲が良いと思います。私の結婚生活は本当に幸せです。だって、彼の数奇な人生（うつ病で無職からアルバイトで入ったリラクゼーションサロンで店長になり、家業の酪農を継ごうと思って栃木に移り住んだら、繁盛する行政書士事務所の所長になっちゃった人生）を間近で見られて、それにより私自身も成長していけるのですから、幸せと言わずに何と言うのでしょうか？

それに、これからも自分自身の人生において、自分でも想像もつかないことが起こるのではないかと思うとワクワクします。これからも結婚生活を思う存分楽しんでいきたいですね。

第3章

経営者としての不屈の精神が育つ11のメッセージ

チャンスはいたるところに転がっているが、目に見えないもの

「チャンスの神様」をご存知でしょうか？　ギリシャ神話のカイロスという神のことで、その神のヘアスタイルは前髪しかなく後ろが禿げているので、チャンスの神様が現れたらすぐに前髪をつかまなくてはダメだというものです。

そこで今回は、私の考えるチャンスの神様の話をさせていただきます。

チャンスは本来いたるところに転がっているのですが、普段は目に見えない状態です。誰にも気づかれないのをチャンスの神様が、「ほら、ここだよ」と教えてくれるものなのではないかと思うのです。

「セレンディピティ」という言葉があります。意味は「思いもよらなかった偶然がもたらす幸運」です。つまりチャンスの神様がセレンディピティを導いてくれるということです。

なので、チャンスの神様と出会うことが大事です。

チャンスの神様とは、ずばり「人」だと私は思います。たくさん素敵な人に出会うと、その人がチャンスの神様に変身します。そして、「ほら、ここだよ」と教えてくれるので

す。そしてそれをきっかけとしてセレンディピティを引き寄せるといった感じです。「ほら、ここだよ」と教わったところは、普段自分で目にする時は全然その良さに気づかないものです（『取り柄や才能は、自力では見つけられない』38ページ参照）。

しかし、そのチャンスの神様が教えてくれることによって、その場所にある原石が光り輝き出します。そして、その原石を自分で磨くことで、宝石を手に入れることができるといったイメージです。

別のたとえで言うなら、タケノコ掘り名人が、タケノコが生えている場所を教えてくれるようなものです。自分の力でタケノコを収穫し、美味しい料理にして周りの人に振る舞うと、お金がもらえるといった感じです。

タケノコが生えている場所は、素人の目では見つけることが難しいです。しかしタケノコ掘りの名人であれば、タケノコが生えている場所を教えることは可能です。つまり、タケノコ掘り名人がチャンスの神様であり、その人と出会うことが大事だということです。

出会いは、どこにあるのかはわかりません。思いもよらないルートで出会うこともあります。また、すでに出会っていたとしても、その人がチャンスの神様であることに気がつかないケースもあります。

そのためには、人に興味を持ち、積極的にいろいろな人といろいろな話をすることです。そうすれば、人が別の人を紹介してくれて、新しい人に巡り会えるでしょう。それを積み重ねることで、チャンスの神様と出会える確率が高まります。

そしてここが重要なのですが、自分自身も素敵な人間になっていないとチャンスの神様には出会えません。チャンスの神様に選ばれるように、自分磨きをすることも大事です。自分磨きとは内面と外面、どちらもです。やはり、清潔感のある外面でないとお近づきになりたいと思えないですし、内面が良くないとお近づきになったとしても、魅力的に感じてもらえないでしょう。

昔の私（人生の暗黒期）は、内面も外面も荒んでいました。ある日、自分の顔を鏡で見たら、とても醜く映っていたのです。それは内面から映し出された醜さでした。その時に、「このままではダメだ。自分を磨こう」と思い立ちました。それから私は人生が良い方向に変わっていったのです。

「この人は魅力的で素敵だから、チャンスを与えてあげたい」とチャンスの神様に感じてもらわないとセレンディピティを引き寄せることはできません。だからこそ、ぜひ自分磨きもしていくと良いですね。

預貯金よりも信頼貯金が大事

私は仕事をするうえで、信頼関係の構築を何よりも重要視しています。それが最優先事項だと思って行動しています。そして、私は信頼について、「信頼口座」という考え方を持っています。

人と出会ったらその人との「信頼口座」を心の中で開設し、その口座の残高がいち早く増えるような取り組みをするのです。子供の頃にお小遣いを少しずつ貯金する感覚で、その人との信頼をコツコツと貯めていき、信頼口座の残高を増やしていきます。

信頼口座の残高が低いうちは物事がうまくいきません。信頼口座の残高を増やすことによって、初めて物事がうまくいくようになります。

人間関係がうまくいかないのは、信頼口座の残高が低いからです。逆に言えば信頼口座の残高が高ければ、多少何か失敗して残高が減ってしまっても、ゼロにならない限りは許してくれる可能性もあります。ですので、信頼口座の残高を増やす努力が必要なのです。

その増やす努力としては、次のことを意識しています。

○小さな約束も守る（守れない場合は相手にその旨をきちんと伝える）
○小さいことでも感謝し、その気持ちをきちんと伝える
○挨拶や礼儀礼節をきちんとする
○相手を理解し、広い心を持つ
○相手より先に自分が相手を信頼する

この信頼口座の残高は、貯まりにくく減りやすいのが特徴です。相手に誠意を持って、丁寧に、広い心で接することを継続していくのですから、容易ではないです。そして、ただ自分でコツコツと貯めるだけが、残高を増やす方法とは限りません。相手との関係性が良くなると、複利効果で残高は加速度的に増えていきます。信頼関係の構築を早い段階で行い、残高が増えていくようになれば、その後の仕事がしやすくなります。

経営者の皆さんなら、信頼が一番大事だとすでに気づいていらっしゃることでしょう。しかし、経営者の中でも、信頼関係について甘く見ている人も見受けられます。ですので、信頼口座の考え方を身につけて、信頼口座の残高を増やしていってくださいね。

交渉はWin-Win一択

何か人と交渉する際、私はWin-Winになるような提案しかしないように努めています。

Win-LoseやLose-Winの考えではダメなのです。

絶対に相手がYesと答えたくなるものを提案していきます。その時いかに自分を犠牲にせず、同時に相手がメリットを感じられるものが何なのかを模索していきます。

私は税理士の顧問料を低価格に設定しています。そして、その価格を上回るサービスを提供しています。

お客様から「安すぎない？」と心配されることもあるのですが、これは私にとってすごくメリットがあるので、このスタイルを貫いています。

お客様にとって不満がなければ、離れていく理由がありません。

私は継続してもらうことが、何よりもありがたいのです。継続することで必要な書類や、やるべき事務作業をお客様自身が理解してくれます。すると、私の作業効率が上がるので、仕事はやりやすくなります。

また、私は栃木県芳賀郡茂木町で開業しているのですが、地方は税理士の数が少ないのです。私にとっては競争相手がいないのですが、いっぽうお客様にとっては選ぶ相手が少ないということになります。さらにこれは地域に関係ないことですが、難しい言葉で説明をされたり、税理士報酬が高いといった理由で、顧問税理士に不満を抱えているにもかかわらず、税理士を変えたくても変えられない人が多くいるようです。そのため自分に合った税理士を見つけるのは困難なのです。

お客様が仕事の仲間同士で「税理士、誰に頼んでいる?」という話になったとしましょう。

「うちの税理士（矢野）は良くやってくれている」とお客様は実感してくれるはずです。すると自然に、いろいろと協力的に対応しようという気持ちになります。そうなれば、私としてもとても気持ち良く、スムーズに仕事をすることができます。

会計事務所のあるある話ですが、「書類の提出が遅い」「質問の返事が遅い」「無理難題を言ってくる」というのが、頭を悩ませるお客様の特徴です。

私のお客様にはそのような方がいないです。私のことを良く思ってくださる、協力的な方たちばかりです。

顧問料は低価格でも余計なコストは抑えるような仕組みづくりをしているので、利益は確保しています。なので、私にとってはこれがベストです。

お陰様で90件近くの顧問先がいます。今は新規の依頼はすべて断っています。キャンセル待ち（顧問先が解約になったら連絡くださいと言われている状態）になっているほどです。

ですので、Win-Win一択になるような提案をするべきだと私は強く思います。

もしその提案が難しいようであれば、自分がちょっぴり損をするような提案も有効です。ちょっぴりの損は、のちに大きな得となって、あなたのもとに返ってくることでしょう。「損して得取れ」という諺があるように、今は一時的に損をしているかもしれないけれど、時間差で何かしらの幸運が舞い込むことがイメージできるのであれば、そのような提案もありだと思います。

ただ、注意したいのが、このちょっぴり損をするような提案は、あなたの好意で行うものだということです。あなたが損をする提案を相手がしてきたとします。それを受け入れることはLose-Winです。別の言い方をすれば「ご好意の搾取」（『「足るを知る者は富む」のマインドを持とう』131ページ参照）を行う人なので、依頼自体を受けない選択も考えたほうがいいかもしれません。

仕事は、藁の家をつくるのではなく、レンガの家をつくる意識で

私は、仕事において「二度手間」という言葉が嫌いです。二度手間は精神的に疲弊しますし、ミスも多くなってしまうので、良いことがありません。

私が東京の会計事務所に勤めていた時、私のボスは二度手間を頻繁にする人でした。むしろそれが普通といった感じです。

二度手間が普通であると考えている人は、速さを重要視している人です。スピーディーにできることが優秀さの証であるかのように、正確性よりも速さを優先していました。

しかし、ボスを見ていると結局何度もやり直し作業をするので、結果的に出来上がりが遅くなってしまうのです。

お客様に「試算表ができました」と電話していた5分後に誤りを見つけてまたやり直し、「申し訳ありません。先ほどの試算表に誤りを見つけたので訂正版を送ります」と連絡をします。その姿を見ていて、このやり方は良くないいんじゃないかと思っていました。

そこで、私は二度手間にならない作業工程で進めていきます。要所要所の確認作業の時

間を十分に取ってやりますので進捗は遅いですが、二度手間にならずにスムーズに仕上がります。結果的に正確性の高い申告書が出来上がります。

また、作業を行う際に、「作業工程の可視化」を意識しています。

繁忙期になると、同時に複数人の申告書の作成をしなければなりません。

どの人がどこまでできたかをいちいち把握するのは大変なので、収納ラックで分けています。進捗割合30％は下段の位置、進捗割合50％は真ん中の段の位置、進捗割合70％は上段の位置に、ファイルを置いていきます。

そして完成したらその収納ラックからファイルを、完成用の段ボール箱に入れるという方法を採っています。

そうすれば収納ラックを見れば、明確にどこまで作業が進んでいるのかがわかります。

この方法は、個別の進捗状況を把握するだけでなく、全体でどこまで進んでいるかも同時に把握できるので、スケジュールの時間配分もしやすくなります。

これをルールにして作業を行うことで、余計なことを考えずに機械的にできるため、ストレスもありません。

これにより個人の確定申告の依頼者70人分の申告書作成が効率良くできるのです。

私の仕事の進め方は、童話『三匹の子豚』でいうレンガの家をつくる感覚です。最初の基礎づくりはとても面倒で、大変な作業が多いです。ですが、ゆくゆくの二度手間を排除できるのであれば、最初の基礎づくりは頑張って乗り切ることです。

私は、元々は面倒くさがりの性格です。面倒くさがりだからこそ、のちに楽に作業できるやり方を、知恵を絞り、模索して実践しています。

周りの人を見ていると、最初の基礎づくりの作業を軽視しているから、のちのちに苦労しているように感じます。よく考えずに始めたため、ミスが起き、二度手間が頻発します。作業が行き詰り、その状況を脱しようとするけれども、普段の仕事は当然あるわけで、結局取り掛かれず、悪循環になってしまっているケースが多いです。やはり、最初が肝心なのです。

今はＩＴの技術革新により格段にスピーディーにできる時代になりましたから、人間がやるべき仕事の進め方は、藁の家をつくる感覚ではなく、レンガの家をつくる感覚で作業を行うことが、大事ではないかと思います。

専門用語を使わずに伝えることができるのが本物のプロ

経営者と雑談していると、顧問税理士の不満を聞くことがよくあります。その中で比較的多いのが「言っていることが専門用語の連発で理解できない」というもの。

私も税理士ですので、専門用語を使えば確かに楽ですし、正確ですので、専門用語を使いたくなる気持ちはよくわかります。

しかし、一般の人に専門用語を使うと、拒否反応が出ます。そこで私は、専門用語は極力使わずに説明するようにしています。

その際は、正確性は二の次にします。相手が何となくイメージできるようになることに力を注ぐのです。そして理解が深まってきたら専門用語を用いて、正確な説明をするようにしています。

税理士さんの言っていることがわかりにくいと感じている経営者の方へのアドバイスです。わからないことがあったら、たくさん質問してください。

「こんなことを質問したら怒られるのではないか」と遠慮して質問しない人が多くいます

が、お金を払っているのですから、遠慮なく理解できるまで教えていただくようにしましょう。そこでイライラした態度を見せたり、時間がないなどの理由で質問に答えたりしない税理士でしたら、本物のプロではありません。付き合い方を考えると良いかもしれません。

あと、税理士も相手に伝えるための努力をすべきだと私は思います。相手が理解できないのは、相手の理解力が足らないのが原因であって、私は悪くないと考えている人もいるかもしれませんが、理解できるように伝えるのが、人にものを教える人の責務でしょう。

どんなに知識や経験が豊富で優秀な税理士でも、お客様にそれを伝えることができなければプロとしてどうかと思います。

私よりも知識や経験が豊富な税理士はたくさんいます。ですが、私は誰よりも相手に伝えるための努力をしています。その努力の甲斐もあってか、お客様の評判は良いです。それが本物のプロというものではないかと考えます。私はそれを目指して日々頑張っています。

そして、それは税理士に限らず、人に何かを教える人全般に言えることです。人に教えるのは難しいとつくづく思います。私もいつも試行錯誤の連続です。ですが、それに向き合うことが大事です。ご自身のお仕事においても照らし合わせて考えてみてくださいね。

心のモヤモヤは言語化できると晴れる

私は何か心がモヤモヤした時は、言語化できるように想像力を働かせます。例えば車に乗っていた時にすごい勢いで追い越していった人を見ると、「トイレ我慢しているのかな?」と考えたりします。そうすると不思議とイライラした気持ちが湧かなくなります。

それが本当かどうかはどうでも良いのです。何かしらの理由づけの言葉があれば合点がいくようになりますから、そうなれば自分の心に平穏が戻ってくるのです。

人は「許す」という行為がなかなかできません。ですが、許せるようになると、自分の心が癒されるようになります。

許せるようになるには、気持ちの整理をつけていることになるのですが、そのためには合点がいくようなことを考えて、言語化していけば良いというわけです。

私は、元々は性格が短気なので、些細なことですぐに心がモヤモヤしてしまいます。その時は言語化できるように常に考えるようにしています。

これは一朝一夕でできるものではなく、積み重ねて訓練することで身につくものではないかと経験上で感じています。

ですが、私は人間ができていないので、その訓練を修行僧のようにすることはできません。そこで、許すことは「徳貯金」していると考えるようにしています。

許すことで「徳貯金」の残高が増えていくとイメージすることで、前向きに許すことに取り組めます。積み重ねの訓練も苦になりません。

そればかりか、自分が許せない人になれば、徳貯金の残高が減ってしまうと考えると、そうはなりたくないと思い、心がモヤモヤした時に言語化できるようになります。

と言っても、「言語化できるようになる」＝「気持ちの整理をつける」ことは、自分一人だけでは限界があります。

「愚痴は言ってはいけない」とよく言われていますが、私は問題解決に向けて頭を整理するためなら、言っても良いと思います。頭を整理させるためには、誰かに話を聴いてもらうのが一番です。

ですが、「愚痴は絶対に言ってはいけない」と思い込んでいる人は、誰かに話すことを躊躇してしまいます。1人で悶々と考えてしまい、言語化はできず、モヤモヤが晴れずに、こじらせてしまうことでしょう。これでは悪循環です。

なので、言語化するためにも誰かに聴いてもらい、頭を整理させて、言語化に向かっていきましょう。そうすれば許せるようになり、「徳貯金」が積めるという好循環になるという感じです。

この「考え方の循環」を取り入れられるようになってからは、私は余計なストレスがほぼなくなりましたし、ポジティブ思考になっていきました。

経営者の皆さんは心のモヤモヤを感じる場面が多くあることでしょう。ですが、愚痴をこぼすようなことはできないと思っている人が多いです。しかし、そのような心の状態では冷静さに欠けますから、良い意思決定ができなくなります。

私は顧問先との打ち合わせは、税務相談に限らず、人生相談もできるようにしています。皆さんの愚痴を聞いて、言語化できるお手伝いをしているのです。

そうすることで私自身の言語化の訓練にもなりますから一石二鳥です。皆さんもぜひこの「考え方の循環」を取り入れてみてはいかがでしょうか。

お客様の不満につながる要因とは？

ハウスメーカーの方々と会食をした時のエピソードです。その場には、営業担当者、設計担当者、建築担当者の3人が同席していました。そして、彼らは連携がうまく取れていないことを悩んでいました。そこで私はたとえ話をしました。

「皆さん（3人）で白い壁一面に青いペンキで1／3ずつ塗ってくださいと言われたら、どうなると思いますか？」

1／3という数字を小数点で表すと、当然割り切れません。0・333と認識する人もいれば、0・3と認識する人もいるでしょう。

そのような状態で青いペンキを塗った場合、必ず白い線（塗り残し）が現れます。そして、実際にお客様に提供されるものは、白い線が入った不完全な壁です。

当然クレームが入りますが、皆さんは一様に「自分の仕事は全うした。自分は悪くない」と主張するでしょう。下手をすると、お客様の言いがかりと思ってしまうかもしれませんし、他部署の人間が悪いと思う可能性もあります。はたまた今回はたまたま運が悪かったとして受け流してしまうこともあるでしょう。

それでは、何の問題解決にもならないし、再発防止策も生まれません。

それぞれの担当者はこのような塗り残しが出てしまう恐れがあることを意識して、仕事に取り組むべきです。

それぞれが塗り残しはないか、お互いの部署の確認作業（手を取り合う作業）を行えば、不完全な壁をつくることはなくなります。

皆さん、自分の部署の仕事については一生懸命職務を全うしますが、違う部署の仕事については聖域を侵してはいけないと、違和感があったとしても遠慮して言わない場合が多いのではないですか。また「誰か（他部署の人間）が塗ってくれるだろう」と思ってスルーしてしまうこともあるでしょう。そのような意識が「小数点の溝」となってしまうのです。

お互いが１／３の壁の塗り残しができるかもしれないと意識して、確認のための声かけをしていけば、連携が取れるのではないかと思います。

声かけをする際は「確認ですが、〇〇で大丈夫ですよね？」という感じで、あくまでも自分の確認のために聴くというスタンスで尋ねれば、相手が不快になることはないでしょう。聴き方に気を配りながら確認作業を行い、お客様に満足のいくものを提供していくよ

うにするといいですね。
　そのためには経営者の皆さんは、各部署が連携を取りやすい仕組みづくりをしていくと良いと思います。
　あと、小規模な企業であれば、各担当者の性格などを考慮して、経営者の方が自ら指示（手を取り合う作業）することも有効です。

「もう5分しかない」と思うのか、「まだ5分もある」と思うのか

私が税理士試験の勉強をしていた時に、講師の先生が話していたことです。「本試験に合格する人と不合格になる人との違いは、試験終了時間5分前の心の在り方次第だ」と言うのです。「もう5分しかない」と思うのか、「まだ5分もある」と思うのか。それによって大きく合否が左右する、とのこと。

前者は時間がないという気持ちになるから、パニックになります。冷静さに欠け、解ける問題も見落としてしまうのです。いっぽう後者はパニックにならずに落ち着いて取り組めるので、解ける問題を見落とさずに、点数を稼いで合格するという話でした。

さらに諦めずに試験終了の合図があっても書き続けるという図太さも兼ね備えていると、なお良しだと言うのです。

私は税理士試験の勉強を5年間経験しました。その講師の先生のこの話が一番印象に残っていて、この言葉が税理士になった今でも仕事をするうえで活きています。

税理士は申告期限という締め切りがある仕事です。

申告期限を過ぎてしまうと不利益になってしまうことがあるので、何が何でも期限内に終わらせなければなりません。どんなに早くから取り組んでいたとしても、いろいろな事情で申告期限ギリギリになってしまうことはあります。

ある年、申告期限当日の午後9時台に誤りが発覚して申告書をつくり直すことがありました。完成目前の最終チェックの段階での誤りの発覚に、絶望しかけました。それは何日も徹夜し、体力も限界の中での出来事でした。パニックになりました。

しかし、泊りがけで一緒に仕事をしてくれているビジネスパートナーが「今、誤りが発見できてラッキーだったじゃない！　だって、申告書を提出したあとだったら面倒でしょう」と言うのです。

その一言で私は我に返り、冷静さを取り戻して、無事に確定申告書を電子申告により提出できたのです。送信時刻は提出期限終了の2分前でした。このことは今でも忘れられない経験のひとつです。

踏ん張りが必要な時に、「まだ5分もある」という考え方で何度も助けられました。最後まで諦めずにやり抜くには、パニックにならず最後まで冷静な心で臨むことが大事です。この考え方はオススメですので、ぜひ取り入れてみてくださいね。

「貧すれば鈍する」の私なりの解釈

諺の「貧すれば鈍する」。これは私の税理士の師匠であるボスがよく言っていた言葉です。国税のたたき上げで定年まで勤め上げたボス。88歳で瑞宝章をもらうほど、国税で実績を残した人が、事あるごとに発していた言葉でした。

意味は「貧乏すると精神の働きまで愚鈍になる」です。この「貧乏する」という部分において、私の解釈は少し異なります。

「貧乏する」と言うと、ストレートに受け取ると「お金の有る無し」だと思います。ですが、私は「心の豊かさ」だと解釈しています。お金の有る無しではなく、心が豊かかどうか。

相続の案件で依頼者と話をすると、率直な物言いになりますが、愚かな考えを持った人がときおり見受けられます。その人と話をすると必ずと言っていいほど、心が豊かでないように感じます。

彼らは遊んで暮すほどのお金があるにもかかわらず、愚かな選択をするのです。お金と引き換えに、不幸を手に入れるような選択をしてしまうのです。

相続の案件だけでなく、事業で急激に成長した会社においても、愚かな考えを持ってしまう経営者が少なくありません。

あと、貯金がたくさんある人でも、自己資金で設備投資などの高額な買い物をする際に、自分の持ち金がなくなっていくのではないかという恐怖心が生まれ、心が豊かでなくなることがあります。

心が豊かでないと視野が狭くなり、目先の利益に捉われがちになります。想像力が欠けて、自己中心的な考え方になってしまいます。冷静さに欠ける人も見受けられます。また、客観的に分析もできず、独りよがりな考えになる傾向があります。

ただ、やはりどちらかと言うと、お金に苦労している場合のほうが、心も貧しくなる可能性は高いと思います。よって、諺通りの解釈でも良いのかもしれませんが、しかし、本質で言えば、心の豊かさだと私は感じています。

お金が有っても無くても心の豊かさを満たすように意識していくことで、愚鈍にならずに良い選択ができるようになると思いますので、意識していくと良いですね。

自己愛と自己中心的な考えは、似て非なるもの

最近、ストレスで体調を崩す人などをよく見かけます。もう少し自分自身を大事にしたほうがいいのではないかと思ったりします。

自己愛と自己中心的な考えは、似て非なるものです。しかし、体調を崩してしまうような人は自己愛を自己中心的な考えと取り違えてしまっているのではないでしょうか。

経営者の方であれば従業員を路頭に迷わせてはいけないと考え、サラリーマンの方なら愛する家族のためにと、みんな何かを背負って、その重圧と闘いながら、日々過ごしているかと思います。

しかし、その中に、自分を大切にする気持ち（自己愛）も入れてほしいです。

ストレスで体調を崩す人は自己犠牲になっています。背負っているものが重すぎるにもかかわらず、それなのに弱音を吐きたくても吐けないでいることでしょう。弱音を吐こうとする自分自身を責め続け、自己犠牲になってしまっているのです。

そうなると自分自身の心が孤独になってしまいます。どんなに周りにたくさんの人がい

たとしても、心が孤独になってしまえば、いろいろな弊害が出てきます。

人間はそんなに強い生き物ではありません。弱音を吐きたくなったら弱音を吐いて、そんな自分を愛おしく思うことも大事です。

どんなに頑張ってもうまくいかない時もあります。そんな時は「ドンマイ！」と言って、これまで良くやった自分を笑って褒め称え、自分自身のすべてを受け入れ、孤独になった心を解放してあげてください。それから、次の作戦を考えて臨めば良いのです。

笑うことは心を元気にする薬です。ストレスで心が押し潰されそうになったら、笑顔になることです。

ただ、注意してほしいことがあります。ストレスを感じると、お酒やたばこ、ギャンブルに走る人がいます。しかしドーパミンを増やしても意味がありません。セロトニンやオキシトシンといった「幸福ホルモン」で心を満たすことが重要です。

あと、ユーモアの発想を持つことも有効です。クスっと笑えるような話や映像を観ることも効果がありますが、やはり、愛情が感じられるものに接して、笑顔になることがとても大事です。

また、小さなことで良いので、主体的に人を助けたり、人に思いやりを持った行動をしたりすることも有効です。そうすることで自分自身のことも思いやれるようになりますから、自然と自己愛が持てるようになると思います。

自己犠牲になっている人は、心に余裕がないかもしれません。ですが、そんな時こそ人に思いやりを持った行動をしてみるのです。

電車で席を譲ったり、寒空の中で頑張って働いている仕事仲間に温かい缶コーヒーを買ってあげたり、思いやりを持った行動をすることで相手が喜んでくれれば、自分自身も自然と笑顔が出てくるはずです。

あと、何より、弱音が吐けて、心を通わせ、自分という存在を認めてくれる人が1人でもいれば、「幸福ホルモン」で心が満たされて、笑顔になることができるでしょう。

その人は家族でも、友人でも、仕事仲間でも、誰でも良いと思います。同性でも異性でも、心を通わせる人の存在は、何よりもかけがえのない人です。そして、その人はきっとあなたの味方です。そう思えるだけで、あなたの心は1人じゃないから、勇気が湧いてくるはずです。

自分の心（自己愛）を大事にするためにも、どうかその人との関係は大切にしてほしいですね。

人生の自由研究

私は自分自身の活動を「人生の自由研究」と表現しています。

税理士の仕事はライフワークとしているので、プライベートとの境界線がありません。ですので、自分が活動しているすべてが、ライフワークなのです。

趣味のサックスを演奏している時も、常にお客様のために役立つヒントとなるものはないかと、アンテナを張り巡らしています。ヒントを察知すると「心の自由帳」に書き留めて、「人生の自由研究」のレポートを作成するのです。

失敗もたくさんあり、今でも恥ずかしくて封印したいものが多くあります。そうした事柄を笑えることに昇華させ、未来に向けて、イキイキと自分らしく活動するためのヒントとしていくのが、「人生の自由研究」なのです。

そして、最終的に自分がこの世を去る時に「山あり谷ありの人生だったけど、最高の人生だった」と思えたら、私の「人生の自由研究」は大成功だと思っています。

そのためには、未来に向けて種まきをしつつ、今を存分に楽しむことが大事です。人の命はいつ終わるかわからないのですから。

これからの人生、いろいろと大変なこともあると思います。うまくいかないで嫌になることもあるでしょう。ですが、簡単なゲームはすぐに飽きてしまい、つまらないのと一緒で、人生もうまくいかないから面白いのです。

このうまくいかない状況を、いかに楽しいものに変えていくかのゲームだと考えて過ごしていけば、人生は楽しいものになるのだと思います。

特に経営者の方々は、難易度Sランクの人生ゲームに足を踏み入れてしまったのですから、うまくいかないのは当然です。

そのため、人よりたくさん勉強が必要ですし、精神的に強くなっていかなければなりません。悩んでいる暇はないのです。

しかし、そうは言っても心細い時もあると思います。私が駆け出しの税理士だった頃、ある経営者から「経営者は孤独なんだよ」と言われたことがありました。

私は当時、その意味がわかりませんでした。なぜなら、その経営者の会社の業績は好調で、周りにはたくさん協力してくれる人がいて、私にはとても幸せそうに見えていたからです。

しかし、今ならその気持ちが痛いほどわかります。

私は、経営者の方々の心に寄り添う存在でいたいと思っていますし、経営者の方々には、ぜひこの人生ゲームに勝利して、ヒーローとなってほしいのです。

それが私の、税理士としての「仕事の醍醐味」なのですから。経営者の皆さん、頑張ってくださいね。応援しています。

column

「足るを知る者は富む」のマインドを持とう

自分が成長していって、いろいろと満たされてきた時期に、「足るを知る者は富む」という言葉を知りました。まさにこの言葉は大事だなと思います。

ハングリー精神を持って、上を目指すのもいいことではあります。しかし、自分がどんなに恵まれた環境にいるのか、いろいろな人の支えで今の自分があるのかということを忘れてはならないと思うのです。

人のご好意というものは、意識して感じないと、それが当たり前のことと錯覚してしまいます。例えば、玄関前をお隣さんがご好意でついでだからと一緒に掃除してくれた時、最初はありがたいと思っていたのに、いつの間にかお隣さんが掃除をやらなくなると、「何でやってくれないのだろうか？」と思ってしまうといったことです。

ご好意なのだからやってくれなくて当然なのに、掃除してくれていたことが何度もあると、「あの人は掃除好きだから勝手にやってくれているだけ」と思ってしまい、掃除をしてくれることが当たり前のことだと錯覚してしまうのです。

ご好意を搾取してしまう考え方は非常に良くないです。ご好意を搾取しないためにも、「足るを知る者は富む」のマインドを持ちましょう。そうすればご好意に感謝し続けられますし、人のご好意を搾取せず、心豊かに過ごすことができます。

逆のことを言えば、ご好意を搾取してしまう考え方でいると、「貧すれば鈍する」の考え（123ページ参照）に陥り、愚かな選択をしてしまうことになります。また、ご好意を搾取する考え方はテイカーの考え方（179ページ参照）ですから、「チャンスの神様」（102ページ参照）も去っていってしまうでしょう。

「ご好意の搾取」と「ご好意に甘える」とは似て非なるものです。「ご好意の搾取」は自我我欲の考え方です。いっぽう、「ご好意に甘える」は相手への感謝の気持ちがありますので、ご好意をした側にとっても幸せな気持ちになります。ご好意に甘えることは良いことだと思います。

「人の支え」とは、家族の支えといった目に見える直接的なものだけでなく、目に見えない間接的なものもあります。その代表的なものと言えば税金です。綺麗な水が飲めるのも、舗装された道路が使えるのも、税金（納税した人）に支えられているからです。ですが、税金に感謝する人はおそらくいないでしょう。

税金だけでなく、今まで出会った人から学べた経験などもそうです。良い経験も苦い経験もすべてが糧となり、今の自分につながっているのです。間接的な人の支えは忘れがちですが、忘れてはならないと私は思います。

たくさんの恵まれたものに囲まれて今の自分があります。自分はいろいろな人からのご好意を受けて、それに甘えながら生活をしているのです。

しかし、人間は欲深い生き物だから、いつしかそのことを忘れてしまいます。だからこそ「足るを知る者は富む」というマインドを常に気にかけ、人からのご好意は搾取せず、感謝の気持ちを持ちながらご好意に甘えて過ごしていくことが大事なのです。

第4章

一流の営業パーソンになるための8のメッセージ

初対面での会話は、印象が残る話題を

私は初顔合わせの時は、気合を入れて身支度します。お気に入りの服を着ます。なぜこんなに気合を入れるのかと言うと、人の印象は1秒で決まると言われているからです。この人が安全な人なのかどうか、本能的に判断するのが第一印象です。なので、第一印象を良くすることを重要視しています。

お気に入りの服を着ると、やはり気分が上がりますから、身にまとうオーラが変わってくると思います。

そして、声も意識します。元気ではっきりした声になるように心がけます。

自分とはどういう人間かをわかってもらう、印象に残る話のネタを仕込み、臨みます。

そして、名刺交換のあとは、相手との共通点を探っていきます。どんな小さなものでも逃すまいと思って、耳を傾けます。

それと同時に相手の人がどういう考えを持った人なのかを観察します。そして相手に会って良かったと思ってもらえるような、印象が残る話題に持っていきます。

そうするとだいたい気に入っていただけます。

初対面は誰しも緊張すると思います。緊張するとうまく話ができないことが多いですが、こうした準備をすると、リラックスして臨むことができるでしょう。

だってこんなに準備して臨むのですから、自信が湧いてきます。自分に自信が持てればリラックスできます。こちらがリラックスして臨めば、相手もリラックスします。相手は自分の鏡です。

初顔合わせの時に信頼構築の第一歩が築ければ大成功です。ぜひ実践してみてください。人との出会いは本当に大事です。１０２ページの『チャンスはいたるところに転がっているが、目に見えないもの』でも触れましたが、チャンスは人が運んできます。ですので、勇気を持って果敢に人と縁を結び、たくさん話をしていきましょう。それがチャンスに恵まれる秘訣です。

「自分は人見知りだから」と、話をしないのはチャンスを放棄しているのと一緒です。

仕事というのは、思わぬところから舞い込むことがありえます。私は、たまたま参加した田んぼのイベントで知り合った人から、その場で税務の依頼を受けた経験があります。

ぜひ、初対面の時は特に意識して、人と接してみてください。

名刺は、名刺交換のあとで発揮されるものが良い

私は自分の名刺についてこだわりを持っています。

私の名刺は顔写真があり、文字が万年筆をイメージさせるインディゴブルーの色で、やわらかい印象の丸ゴシック。ホームページにリンクしたデザインで、事務所のイメージカラーのオレンジを効果的に使っています。顔写真もきちんと写真屋さんに撮ってもらったとっておきのもので、印刷も鮮明なものにしています。

何でそこまでこだわるかと言うと、名刺の威力は名刺交換のあと、もっと言えば何日か経ったあとに発揮してほしいからです。

何人もの人と名刺交換をすると、名前と顔が一致しないといったことがあるかと思います。そうなると記憶に残りにくくなります。それでは何のために名刺交換するのかわかりません。

名刺交換の目的は、自分の存在を相手の記憶に残すことだと思います。

顔写真を載せることで単純接触効果が狙えます。私が名刺交換をした方とわざわざ会わ

なくても、私の名刺を見るたびに自然と好感を持てるようになっていきます。つまり、私の代わりに名刺がその人と会って、好感度を上げる仕事をしてくれているのです。

お客様のところに出向くと、私の名刺が電話の横に貼られているのを見かけます。そうすることでひょっとすると、お客様は私に応援されている気分になるかもしれません。

ですので、名刺は交換して終わりではなく、交換後がスタートだと思っています。

ちなみに、今まで名刺交換をした個人事業主やフリーランスの方で、個性的な名刺をつくっていた人がいます。薄くスライスした木でできた名刺や、二つ折りになっているもの、切り絵の名刺などです。さまざまに工夫された名刺を見ると、やはり印象に残るので覚えやすいです。

しかしながら、会社員の場合は、名刺は会社から支給されたものを使うはずです。個性的な名刺を持ち歩いている人はいないかもしれません。

しかし、以前お会いした人で、会社から支給された名刺とは別に、個人的につくった名刺を「特別な人だけに」と言って、配っていた方がいました。

記載された内容は、会社名、会社の所在地、電話番号、メールアドレスで、何一つプライベートなものは書かれていないのですが、裏面には「お会いできて光栄です。どうぞよろしくお願いいたします」と書かれてあるのです。

そういう名刺をもらえると嬉しくなりますよね。

お客様はその製品が〝良いから買う〟のではなく、その製品が〝良さそうだから買う〟のです。そして、その判断基準として「誰から買うか」を重要視します。この人が勧めるものだから信頼して買うのです。なので、お客様に「どうせ買うなら、この人から買いたい！」と思ってもらうことが重要です。

製品が選ばれるのではありません。営業担当の人柄が会社の品格や姿勢を感じさせ、その会社の人たちがつくる製品だから買いたくなるのです。そうしたことを忘れずに、営業の皆さんには、名刺交換をしていただきたいですね。

たかが紙切れ一枚ですが、人とのご縁がスタートする合図となります。そして、その紙切れが幸運をもたらす出会いになるかもしれません。ぜひ、そのスタートを良いものにしていってください。

いい香りのする人は素敵な人。凄腕保険外務員の話

私のお客様で凄腕の保険外務員の方がいらっしゃいます。御年80歳くらいの方で、今でも現役で仕事をしています。

その方とときどき会食をするのですが、話題も豊富な素敵な紳士です。そして、偉ぶらず、飾らない、穏やかな人柄です。

そして、その人はお香のような、かすかな香水の香りを身にまとっています。会食の時に香水はあまり良くないと言われていますが、会食中は距離があるので気になりません。一緒にタクシー乗り場までの道のりを横並びで歩くと、かすかに香るのです。

この方がすごいのは、そこではありません。封筒で書類を送ってきた時に、開封するとその香りがかすかに香るところです。

開けた瞬間に、この香りでこの人の顔が思い浮かびます。おそらく香りについて、すごく計算しているのだろうと思います。

嗅覚は直接脳に働きかけるので、香りはとても大事です。香水の害として「香害」とい

う問題がありますが、このように香りをうまく利用して、相手に効果的に印象づけることは有効ではないかと思います。

香りというのは、人の記憶に残るものです。

高校生の頃、ある先輩が香水（おそらく香水だと思います。柔軟剤かもしれませんが……）をつけていました。ほのかに香っていて、私はその香りが好きでした。

数年後、その香りが、街を歩いていたら偶然漂ってきました。するとその先輩の顔が一瞬で思い浮かんだのです。それまで先輩のことなんて忘れていたのに、その香りひとつで思い出すのですから、香りの威力は侮れません。

ちなみに私も香りを重要視していて、効果的に利用しています。不眠の時はラベンダーのアロマを枕元に置いて寝ると良く眠れます。また、風邪をひいて鼻の通りが悪い時はユーカリのアロマを嗅ぐと楽になります。気分を上げたい時はお気に入りのダマスクローズの香水をつけたりします。

香りは、相手の印象に残るという観点でも使えますが、ご自身のコンディションを良くする道具としても使えますので、参考にしてもらえると幸いです。

普段から謝ってばかりいる人は、いざという時、相手に軽く思われてしまう

営業の人は、些細なことでも謝ってくる人が多いです。メールの返事が遅れる、待ち合わせに遅れる、些細な約束が守れないなど、そのたびに謝罪します。条件反射のように謝っているのではないかと感じるほどです。

謝っている本人は、お客様に丁寧に接しているつもりなのでしょう。しかし、お客様としては、丁寧に接してくれているとは思わないはずです。

謝ること自体は良いことですが、それが度重なると、本当に何か重大なミスを犯した時における謝罪の言葉が軽く感じられてしまうのです。

オオカミ少年の話と一緒です。オオカミが出るぞといつも嘘をついていた少年が、本当にオオカミが出た時に信用してもらえなかったというお話です。

謝罪の言葉も同じです。普段から頻繁に謝罪の言葉を聞いていたら、いざ重大なミスを犯した時に発する謝罪の言葉には、「気持ちがこもっていない」と感じてしまうことでしょう。ですので、謝罪の言葉は、滅多に言わないほうが良いと私は思います。

だからと言って、メールの返事が遅れたり、待ち合わせに遅れたり、些細な約束が守れなかったりした時に、謝罪をしなくて良いというわけではありません。そのような事態にならないよう、対応策を考えて実行し、謝罪の機会を少なくするということです。でも実際問題、難しいと思います。なぜなら、どの事柄もそうしたくてしたわけではないからです。ですが、その努力をすることはできるはずです。

その努力をしている姿勢が相手に伝われば、謝罪の言葉を言わなくても、謝罪をしている気持ちがきっと伝わることでしょう。

それに謝罪の言葉を乱発する人は、仕事ができない人だと思われたりすることが多いです。さらに相手からは雑に扱われていると受け取られたりすることもあります。

どんなに誠意を持った対応をしていたとしても、謝罪を乱発することで、信頼口座の残高は少しずつ減っていくと思います（『預貯金よりも信頼貯金が大事』105ページ参照）。言っている本人の自己肯定感も下がるので、どちらにとっても良いことがありません。ですので、謝罪の言葉の乱発は控えるように意識すると良いですね。

小さい約束が守れない人が多すぎる

営業活動において小さい約束や軽い約束をすることは、日常においてよくあることです。ただそれが守られないケースが多いように思います。

例えば、気心知れた、心を許している得意先や外注先さんとの飲み会の参加の可否。メールで声かけをしたら「いいですね。スケジュール確認してお返事しますね」との返答。「では、〇〇日までに回答くださいね」と返すと、「了解です」とのこと。しかしその後、一向にメールが来ないといったシチュエーションはよくあることでしょう。

催促するのも微妙だし、「了解です」というのは社交辞令かもと思ったり……。でも、人数の確定をしなくちゃいけないから、待ったほうがいいのかなと、幹事さんはいろいろと考えてしまいます。

そしてふと思うのです。「何で連絡してこない人のために、こんなに気を遣わないといけないの？　本当に迷惑な人だな」と。

こうした小さい約束は守られないケースが多いので、「よくあること」として罪悪感が低いのでしょう。ですが、その「軽く迷惑な人」だと思われる場面が、埃のようにうっすらと積み上がって、しまいには綿埃になってしまうと、「この人は信頼できない人だ」と心の奥底で確定してしまいます。

105ページの『預貯金よりも信頼貯金が大事』でも述べましたが、埃の時点では借入金の利息のように、うっすらと残高が減っていっている状況です。ですが、そのような少額の支出が多く積み重なると、残高がゼロに近くなってしまいます。

例えば、100円ショップで頻繁に買い物していたら、1か月分の給料が減っていって、給料日前がピンチになっている……。本人はそんなに贅沢していないのに、何でお金が貯まらないんだろうと悩んでしまうような人です。

そんな感じで、本人に自覚はないまま、信頼貯金の残高がいつの間にか減ってしまうのです。そうなってしまったら、営業活動にも支障をきたしてしまいます。いざ仕事のチャンスが来ても、お客様に選ばれない可能性が高くなります。

しかし、こうした人は何で選ばれなかったのか、原因がわかっていないことが多いのです。理由がわからないのですから、改善もできません。

もし、行く気がないのに小さい約束をしてしまったのなら「都合がつかなくなったので行けません」と一言言えばいいのです。幹事さんも変な気を遣わなくていいので助かります。

ポイントは催促してからこれを言うのではなく、催促されないうちに言うことです。催促されてから言うと、雑に扱われていると相手が感じてしまいます。

雑に扱われていると相手に感じさせていることに本人が気づかないということは、無自覚に相手を傷つけているということです。この傷はかすり傷程度ですが、そんな傷こそ厄介です。

また、「都合がつかなくなったので行けません」という言葉には別にスケジュールだけでなく、「心の都合」も含まれますから、そう伝えればお互いに嫌な気持ちをせずに済みます。

小さい約束をした時は、それを放置せずに守ることが大事ですね。ちなみに、心を許している得意先や外注先ではない場合は、小さい約束はしないでしょう。失礼があってはならないと思う人物とは、このような状況にはならないと思います。小さい約束に位置づけられたものについて、もう少し意識したほうが良いというお話でした。

気心知れた人にはつい甘えが出てしまうので、扱いが雑になったりしがちです。ですが、甘えて、雑な扱いをしすぎると、誠実さが感じられなくなります。大切な人を失うことにつながってしまいますから、くれぐれもお気をつけください。親しき仲にも礼儀ありです。

どんな人でも「将来のお客様」と思って接することが大事

お店の店員さんの中には、目の前のお客様には丁寧に接するのに、宅配便業者や清掃業者に対しては冷たい態度を取っている人を見かけます。私はそれを見て、この人は視野が狭く、想像力に乏しい人だなと思います。

想像してみてください。この宅配便業者や清掃業者がはたしてお客様としてこの店に買いに来るでしょうか?

自分と接する人はすべて、将来のお客様になりえる人です。そして、その将来のお客様の後ろには、たくさんの将来のお客様が存在しています。

店員さんのちょっとした振る舞いが、多くの機会損失を生んでいるのです。

それにどんな人に対しても将来のお客様と思って接していくと、気持ちの良いやり取りができるので、接客も楽しくなると思います(そう感じないのであれば、接客業は向いていないかもしれません)。

ちなみに、私は事務所に来る宅配便業者の方とも気さくに話をします。例えば「今は御中元シーズンで大変でしょう。暑いから熱中症に気をつけて頑張ってね」と声をかけたりします。そんなちょっとした声かけは、言ったほうも言われたほうも嬉しいものです。

今は直接的なお客様として結びつかなくても、この声かけによるご縁が、自分でも思いもよらない形で幸運を運んでくれるものだと、私は思っています。

宅配便業者に限らず、私はお店の店員さんともすぐに仲良くなります。そして、お店の常連さんになったりします。そうすると、その人たちとの雑談が有益な情報となり、とても勉強になります。

直接関わっているお客様だけがお客様ではありません。「将来のお客様」も大事なお客様であるという発想はとても大事です。

１０２ページの『チャンスはいたるところに転がっているが、目に見えないもの』で触れましたが、この声かけは、チャンスの神様に会うための種まきでもあります。ですので、この意識を持って業者さんとも接してみてください。

感動を生む凄腕若手営業マン

私の東京の実家をアパートに建て替えた時の話です。私は建て替えをしようと決めた翌日に、有名ハウスメーカー7社に資料請求を行いました。その時、一番初めにコンタクトを取ってきた若手営業マンがいました。

最初はメールが来ました。まずそのメールを見て驚きました。

「ご挨拶のお電話がしたいので、○月○日の○時頃、お電話を差し上げたいのですが、ご都合はいかがでしょうか?」

電話でのご挨拶のアポイントのメールだったのです。

そんなメールをもらったのは初めてです。だいたい、突然電話をかけてくる業者がほとんどですから。まず私はここで心をつかまれました。

そして丁寧なお電話をいただき、実際にお会いすることになりました。そして、会ってみてさらにびっくりしたのです。

少ない情報から物件のターゲット層の調査、登記情報サービスを利用して登記情報を入手、私がやりたかった1階部分をコインランドリーにするのに適しているかどうかのリサーチ。それらをわかりやすいレイアウトでまとめて、情報の出典も明記した立派な資料を作成していたのです。

私が彼に与えた情報は、資料請求時に記載した1階部分をコインランドリー、2階部分を居住用の賃貸にしたいということと、メールでの返信時に物件の住所を書いた程度。それなのにこんなに立派な資料をつくってプレゼンしたのですから、驚きです。

さらに驚きは続きます。帰りがけにこのように尋ねるのです。

「栃木からお越しと聞いております。資料ですが、A３判のほうが見やすいのでご用意しましたが、お荷物になるかと思い、A４判もご用意させていただきました。どちらがよろしいですか？」

この人はすごい人だと思いました。年齢を尋ねたら24歳だというのです（のちに聞いたら、あまり若いと思われるのが嫌で、数え年で年齢を言ったそうで、実際は23歳だったそうです）。

私はこの営業マンに心を奪われ、この人なら大事な物件を任せられると思い、このハウスメーカーに決めたのでした。後にも先にも、彼よりも尊敬できる営業マンを見たことがありません。

物件を建てたあとでも、一緒に食事に行ったりして仲良くさせていただきました。彼は爽やかな見た目をしており、そつなくスマートにこなせる人なのですが、陰で人一倍努力をしている人でした。

彼はこう言います。

「私の周りには優秀な大学を出た社員がたくさんいます。自分は優秀な大学を出たわけではないので、人一倍頑張らないといけないのです。それに、大学を出てからが勝負だと思っていますから、前向きに頑張ります」

また、仕事で良いパフォーマンスができるように睡眠にこだわり、上質な寝具を使っているとのこと。彼が使っているオーダーメード枕を教えてもらいました。

スーツも自分の体型に合ったオーダーメードスーツを着用しており、身だしなみも完璧でした。

知識も豊富で、的確なアドバイスをくれるので、本当に23歳とは思えないほどでした。そして、飲みに行くと、私と気さくに話をしながら、美味しそうに食べたり飲んだりします。そうした姿は等身大の23歳で、１人の人間としての魅力も感じました。

私はこの若手営業マンと巡り会えて、大事な物件を託すことができ、本当に良かったと思っています。また、彼からは仕事に対する姿勢など、たくさんの大切なことを学ばせてもらいました。彼には感謝しかありません。

こんな素敵な人ですが、今は転職してしまって、連絡先がわかりません。今でもときどき「元気にしているかな?」と思いを馳せたりしています。今は彼がどこかで活躍していることを祈ることしかできませんが、またいつか会いたいと思っている人の１人です。

「泥中の蓮の花」は困難に立ち向かえる励ましの言葉

「泥中の蓮」という諺をご存知でしょうか？　蓮の花は泥水の中でしか咲かない花で、泥水が汚ければ汚いほど、綺麗な花を咲かせるそうです。そこから転じて、汚れた環境の中でも清く美しく生きるという意味です。

私はあるお坊さんから「泥中の蓮の花」という法話で、「困難な状況でも綺麗な花を咲かせることができる」と教わり、この言葉を知りました。ですので、諺の本来の意味の「泥中の蓮」ではなく、「泥中の蓮の花」という言葉の意味で使っています。

私はこの言葉がすごく好きです。仕事をしていると、うまくいかないことがたくさんあります。理不尽なこと、納得いかないことなどがたくさんあって、心が折れそうになることも少なくありません。そんな時はこの言葉を思い浮かべて、「困難に負けずに綺麗な花を咲かせてやろうじゃないか！」と思って、困難に立ち向かうようにしています。

61ページの『神様から与えられた試練は受けて立とう』でも述べたように、試練を前にすると心が折れそうになる時もあると思います。その時は、「泥中の蓮の花」のような、励ましの言葉を心の中にストックしておくと良いです。

あと、私の好きな言葉で「他人親切丁寧自己奮励努力」という言葉があります。

これは私の出身高校の校訓です。新1万円札の渋沢栄一氏が私の母校に贈った言葉だそうです。自分自身を奮起して励まし努力して、他人には親切丁寧に接するという意味です。

私はこの言葉の「自己奮励努力」という部分が好きで、この言葉に触れると「頑張ろう」と思えるのです。

営業の仕事は、とかく断られる場面が多くあると思います。特に電話営業や飛び込み営業は断られることが普通といった感じです。その中で売上を上げていかなければならないのですから、困難の連続でしょう。

どんなに打たれ強い、強靭なメンタルを持った人でも、ずっと自己否定の言葉を浴びせられたら、心を痛めてしまいます。そんな時に自分の心を奮い立たせ、励まし、勇気が持てる言葉があれば、それがビタミン剤となって、救われる思いになることでしょう。

言葉の力は偉大です。「言霊」という言葉があるように言葉には魂があり、エネルギーが宿っています。「泥中の蓮の花」という言葉を、これを機会に心が折れそうな時に思い出してもらえると良いですね。

column

今日を生きられなかった人の分まで、自分自身が幸せに生きる

私の2歳上の、ある社長さんの話です。10年くらい前のことです。その方から急性骨髄性白血病になったという知らせが届きました。

その方は保険の代理店の会社を経営されています。得意先全員にご自身の病気のことを手紙で報告しました。治療に専念すること、治ったらまた皆様のために精進します、という内容です。

そして、私には逐一、治療の状況を連絡してくださいました。その方からのメールはいつも淡々とした文章です。

「生存確率20％の手術に挑みます。これが、一番生存確率が高いものなのです。なので、受けることにしました。1日でも早く治って、お客様のためにまた仕事がしたいです」

このメールを読んだ時、心がとても痛みました。生存確率が低い手術でも取り乱すことなく向き合い、未来を見据えて治療に専念している姿に感動しました。

しかし、治療の甲斐も虚しく、その方は発病して半年で亡くなられてしまいました。

私はとてもショックでした。

何でこんなに素敵な人が、こんなにあっけなくこの世を去ってしまうのかと。神様はなんて残酷なことをするんだと悲しい気持ちになりました。

そして、私は思いました。「彼が生きたかった今日を、私は生きている。その今日という日を一生懸命幸せに生きないと、彼に失礼ではないか。彼の生きたかった分まで私が幸せに生き、仕事を頑張ることが、彼に対する私なりの敬意の表し方だ」と。

私は人から、「パッションがある人」とか「バイタリティーのある人」「いつもエネルギッシュだね」と言われます。しかし、私は、元々はそのような人ではありませんでした。

私は１か月も早く、未熟児として生まれてきました。本当は４人兄弟なのですが、長男と長女は未熟児で生まれ、数日で亡くなっています。次男となる私の兄も未熟児で生まれ、生きていけるかどうか危なかったそうです。私も兄と同じ状況でした。

子供の頃は喘息とアトピーを患い、入退院を繰り返し、元気でいることが少ない時期を過ごしました。また、20代前半で両親を相次いで病気で亡くしました。しかも、母は急死でした。

そうなると嫌でも、人の死や人の人生について深く考えるようになります。

自分自身が元気で生きていることは、当たり前ではないこと。そして、それはすべての生きている人にも言えるということ。人との出会いによって得られた楽しい時間、幸せだと感じられる時間は、かけがえのない最高の財産であるということ。そうしたことに気づきました。

自分に与えられた限りある人生の時間において、私と出会った人たちが、私と出会ったことによって元気になり、笑顔になって、素敵な人生を過ごしていける――その一助になれたら、私は幸せな気持ちでい続けることができます。

そのような想いで活動しているから、情熱的でエネルギッシュでいられるのかもしれません。

人との出会いは、本当に素敵な奇跡の連続です。特に自分自身の人生を良い方向に導いてくれた存在との出会いは、永遠の宝物です。その導かれた奇跡に感謝して、今を精一杯幸せに生きることが大事なのです。

人生の時間は有限で、刻々と過ぎていきます。ですので、私はこれからも今日を生きられなかった人の分まで、今を生きている人を大事にして、自分らしくイキイキと生きていこうと思います。

第5章

人生を豊かにする、お金にまつわる7のメッセージ

簿記は義務教育に入れるべき

私は商業高校で簿記と出会いました。簿記は、簿記のルールに従って、すべての取引を記帳します。そうすることによって財政状態を表す「貸借対照表」と、経営成績を表す「損益計算書」という、2つの異なる表が同時に出来上がります（複式簿記）。私はこの手品のような簿記の魅力に惹きつけられました。

諸説ありますが、簿記は英語の「book keeping」から来ていると言われています。また、簿記とは、「帳簿記入」の略称という説もあります。

簿記の発祥はイタリアのサンセポルクロという町で、数学者のルカ・パチョーリが考案したものだそうです。

私は発祥の地であるサンセポルクロに、専門学校の研修旅行で行きました。そして、イタリアの商人の街ヴェネツィアにも訪れ、革製品のお店で商人のおもてなしに触れました。商業には人の想いが宿っていて、それを表形式に表したのが簿記なのだと、簿記のルーツを辿って感じたのです。

そして、簿記を通じていろいろなことを私は学びました。

商いとはどういうものなのか？　といったことから、相手の立場に立った考え方を理解しないと簿記の処理ができないので、相手の立場に立って物事を考える視点を得ました。

簿記を通じてお金の使い方も考えるようになり、有意義なお金の使い方ができるようになりました。

簿記はすべての取引を帳簿にきちんとつけることで、正確な利益計算ができる、画期的な仕組みです。速さよりも正確性が大事です。ですので、物事をコツコツと取り組む姿勢も養うことができました。

簿記はただ単に数字だけを追うものではなく、人生で必要なことがいろいろと学べます。

そして、何より簿記は世界共通言語です。こんな素晴らしい知識を義務教育で学べたら、人生をより楽に生きられる人がもっと増えるのではないかと思ったりしています。

そもそもですが、社会に出れば、商業（お金との関わり）はどんな形であれ、皆一様に関わることになります。

個人事業主は確定申告だったり、サラリーマンは年末調整だったり。営業マンは粗利益を意識して取引を交渉していくこともあるでしょう。経理部はまさに簿記の仕事となります。

家庭で言えば、家計の管理をしっかりしていかなければ生活ができません。

ですので、すべての人が関わるものです。簿記を義務教育に入れるべきと考えている人は多くいるようですが、私も同意見です。

高校の家庭科の授業で金融教育がスタートしたそうです。やはりその基礎である簿記を、ぜひ学生のうちに学んでほしいですね。

私のお客様で、高校生の時に簿記の授業があった人がいます。その当時は「何でこんなものを学ぶんだろうか？　面倒くさい」と思って、大して力を入れて勉強をしていなかったそうです。ですが、個人事業主となり、確定申告をやるようになって、「何であの時、ちゃんと勉強しなかったんだ」と後悔しているとおっしゃっていました。

また、お金に苦労している人の中には、簿記の知識があればその苦労は解消されるのにと感じる人が何人もいます。

学生のうちから簿記の知識を学ぶことで、お金で苦労する人が少しでも減っていくのではないかと思います。そんな日が来ることを私は願っています。

納税はステータス

あるお客様の話です。その人は事業を営んでいましたが、ずっと赤字で税金を納めていませんでした。

その人は、初めは「税金を納めなくていいので、助かります」と税金を納めなくて良いことをラッキーだと思っていたようですが、いつしか「税金を納められないということは、社会に貢献できていないことなのではないか？」と考えるようになりました。

ついに黒字になり、税金を納めることができた時に、「ようやく社会に貢献できた。嬉しい」と税金を納められる喜びを感じるようになったとおっしゃっていました。

私は、前述している「租税教室」で高校生たちに、「税金は間接的な社会貢献」であるとお話ししています。社会に貢献することは、自分自身への喜びへとつながっていきます。

ある人から聞いたエピソードを紹介します。

その人のお父様がお金に困窮していて、税金を滞納していたとのこと。そのお父様が亡くなり、滞納分を相続人であるお母様と息子さんが納めることになったのですが、お金がなくて、納税を市役所に待ってもらったそうです。

猶予期間にお金を工面して納付をし終えたのですが、その待ってくれたことが本当に嬉しくて、その息子さんはずっとその市に住み続けているそうです。その市に恩返しがしたい、その市が好きで発展ほしい、という想いで通勤時間が長くかかるにもかかわらず、変わらずその地に暮らしているそうです。

また、先日、税理士協同組合の研修会で、サッカー日本代表元監督の岡田武史氏の講演を聴きました。社会貢献に向けた取り組みをエネルギッシュにされている人でした。世界と戦った監督は、やはり高い志を持っているなと感じました。

社会に貢献するという思考は、ステータスが高くなった人の思考だと思います。「マズローの欲求5段階説」で6段階目の欲求である「自己超越の欲求」というものが、まさに「社会への貢献」なのです。

ですので、納税することが喜びと感じられる人は、所得が高い低い、お金がたくさん有る無しに関係なく、ステータスの高い人なのかもしれません。

岡田元監督と同じようなことはできませんが、小さいことでも社会に貢献していくことは大事です。その身近なものが納税ということです。

福沢諭吉の『学問のすゝめ』にこんな一節があります。

「運上を払うて政府の保護を買ふほど安きものはなかるべし。快く運上を払うべきなり」

運上、つまり税金を払って政府の保護を買うほど安いものはない、快く税金を払いましょう！　という意味です。

ところで、「税」という漢字は、「稲穂の身を抜き取る」から来ています。苦労して育てた稲穂を国に差し出すのですから、納税は大昔から苦しい行為だと捉えられていたのでしょう。快く納税をするという考えを持てないのは当然のことです。

ですが、納税額の多い少ないに関係なく、快く前向きな気持ちで納税をすることが、自己超越の欲求が満たされる第一歩であることを知ってもらえると嬉しいです。

お金に対する向き合い方

人はお金がなくては生きてはいけません。なので、お金と人生は切っても切れないものです。そのため、お金と向き合い、自らの意思で学ぼうとしないと、お金に振り回され、苦労する人生を送ってしまうことになってしまいます。

お金とは「生き金・死に金・暮らし金」という3種類に分類することができます。別の言葉で言うと「投資・浪費・消費」です。

投資は、将来のために使うお金です。浪費とは、今を豊かにするために使うお金。消費は、今を生きていくために必要なお金となります。

皆さんは「アリとキリギリス」のお話を知っていると思います。そして、アリのような生き方が良いと言われてきたのではないでしょうか？

しかし、キリギリスのように今を豊かに過ごす生き方はダメなのでしょうか？

日本人は勤勉で、アリのように過ごしている人が多いと思いますが、キリギリスのように今を心豊かに生きることも大事だと思うのです。

誤解しないでいただきたいのですが、アリのように生きるなと言っているわけではありません。要はバランスが重要だと言いたいのです。

アリの生き方とキリギリスの生き方の、自分にとっての最適なバランスを見つけて、お金と上手に付き合ってもらえたらと思います。

そのためには、投資・浪費・消費の「使い方」をぜひ意識していただきたいです。

投資は、ただ単に銀行に預けるだけではなく、「自己投資」に使うと良いですね。

知識を深めるためにビジネススクールに行くのも良いですし、見聞を広げるために旅行に行くのでも良いでしょう。また健康でいることは何よりも大事ですので、健康を保つためにスポーツジムに通ったり、睡眠の質を向上させるために上質の寝具を使ったりするのも立派な自己投資です。

実際に株式や投資信託に投資をしてみるのも良いでしょう。iDeCoやNISAといった優遇制度を使いながら、まず一歩を踏み出してみると良いと思います。

また、投資をする際は「将来の利益（リターン）」を意識しましょう。投資には「複利の力」というものが働きます。

この考え方は、お金に限らず自己投資で得られた経験においても有効です。ということは投資を始めるタイミングは、早ければ早いほど、将来大きな利益の差を生むことになります。

人は時に、未来の利益よりも目先の利益を優先してしまう衝動に駆られたりします。投資は未来の自分を思いやる行為です。ぜひご自身の未来をより良いものにするためにも、投資（特に自己投資）を積極的に取り入れてください。

また、浪費は、今ではお金をかけなくても心豊かに過ごせるものが多くなってきました。これらを活用しながら心を豊かにしていくと良いですね。

あと、一見浪費と思われたものが、ビジネスにつながることもあります。遊びからビジネスが生まれることはよくあることですので、遊ぶ時は思う存分遊ぶと良いと思います。あと、どうせ浪費に使うなら、「人のためにお金を使う」と幸福度が高まります。自分だけが楽しむために浪費するのではなく、友人や家族のためにお金を使うと、幸せな気持ちになれます。

また、消費は生活をするうえで、どうしてもかかってしまうお金ですが、企業は人間の心理を利用して、購買意欲を高める仕掛けをし、ものを買わせる努力をしています。

コンビニやスーパーに立ち寄った際、買うつもりがなかったのについ買ってしまったという経験は、誰しもあると思います。特に「タイムセール」や「限定品」という言葉に消費者は弱いです。

世の中には悪質な詐欺まがいなものもたくさん溢れていますので、自分で情報を見極める力が必要となります。「今、買うものは本当に必要なものなのか？」を買い物の際に意識すると良いですね。

皆さんは自分の力でお金を稼ぎ、納税をして、残ったお金で生活をしていかなければなりません。お金は人生の選択肢を増やしてくれる道具であるため、手元に多くあることに越したことはありません。

しかし、お金を闇雲に貯め込んでいるだけで使わずにいると、その権利を放棄していることになります。まさに〝死に金〟となってしまいます。逆に若い頃に無計画にお金を浪費してしまい、老後になってお金がなくて大変な思いをするのは、惨めすぎます。

いろいろな納税者を見ていると、両者いらっしゃいます。

お金を貯め込んでいる人は、お金を使うことへの罪悪感と、貯まったお金が減る恐怖心が強くあるため、必要なものであっても使おうとしません。お金があるにもかかわらず、冬の寒い家の中で暖房もつけずに、「着こめばいい」と言って、コートを着て過ごしている人もいます。隙間風が入る、底冷えがする家であってもです。

また、無計画にお金を使う人は、臨時収入があった途端に欲望のままに買い物をして、お金を使ってしまいます。その後に来た住民税の通知を見て、「何でこんなに税金が高いんだ。払えない。どうしよう」と言って、慌てている人もいます。

自身の収入が少ないのに都心に憧れ、無理して都心に住んでいる40歳くらいの方がいました。その人は都心での生活を維持するために、地方に住んでいる親から仕送りをもらっていたのです。

その生き方を望んでやっているのであれば良いのですが、もしも、その生き方について幸せを感じていないなら、お金に対する向き合い方を今一度考えてみるべきでしょう。

お金と向き合うことは、「人生の学び」です。ご自身の年代、環境、考え方によって向き合い方が変わっていきます。お金の苦労は十人十色です。なので、自分にぴったりと合った教科書（バイブル）が存在しないのです。ぜひ、お金と向き合い、人生の学びを得て、幸せな人生を歩んでいただけたらと思います。

相続対策は、自分のためにお金を使ってください

相続税の相談に来られる方と話をすると、皆さんお金を使うことを我慢して、苦労をしてお金を貯めてこられたんだと感じます。

そのような方は「お金を使うことは悪」といったように、お金を使うことに罪悪感を抱いているように思います。しかし、相続対策を考えている人は、ぜひ自分のためにお金を使ってほしいのです。

あるおじいさんの話です。不動産を貸していたそのおじいさんは、お金を使い切れないほど持っていました。しかし、おじいさんはお金を使わない人でした。そして、おじいさんの住んでいる家はすごく古かったのです。

私はそのおじいさんの家の応接室に通されました。なぜか、ご家族の皆さんは部屋の端を歩くのです。何も知らない私が真ん中を歩くと、なんと床がボワンとたわんだのです。つまり床が抜けそうな家だったのです。

私はびっくりして「家を直してください。お金は十分にあるのですから」と言いました。

おじいさんは私の熱意に押されたのか、ご家族が説得しても聴く耳を持たなかった家のリフォームをやってくれたのです。

リフォーム代金を支払った翌日に、また私はおじいさんに家へ招待されました。綺麗になった部屋を見てもらいたかったとのことでした。するとそのおじいさんは上機嫌で私に、部屋が綺麗になって快適になった話を延々とするのです。よほど嬉しかったのだと思います。

私は相続の相談で相続対策をどうしたら良いかと聞かれた時は「自分のために使ってください」と言います。特に「住環境を良くしてください」と申し上げます。

住環境が良くなれば、快適に過ごすことができるわけですから、ストレスが軽減されます。寝た切りにならずに健康で過ごすことができれば、これほどの子供孝行はありません。ですので、自分が苦労して貯めたお金なのですから、お金は罪悪感を持たずに自分のために使っていくと良いですね。

あと、自分が今までやりたかったけど、やれてこなかったものにお金を使うのも良いと思います。例えば、先祖から引き継いだ不動産で未登記になっているものの手続きです。相続登記は義務化されました。そういうものをきちんと整理することも相続対策です。

いざという時がいつなのか、普段から考えないと対応できない

相続の相談で、「お金は自分のために使ってください」と言うと、「子供たちのいざという時のために残したい」とおっしゃる方がいらっしゃいます。まだ独り立ちしていない子供のために、お金を残して託したいという気持ちはわかります。

ところで、平均寿命は80代ですが、私のところに来る相続の依頼は、被相続人が90代も少なくありません。よって、60代から70代が相続人となります。その年代であれば、もうとっくに自分のお金もしっかりとキープしている人ですから、いざという時が起こりにくい状況と言えます。

むしろその相続のお金が元で、兄弟姉妹間でいざこざが起こり、仲違いをしてしまうケースも少なくありません。

「子供たちのいざという時のために残したい」とお答えになった方に私は「では、そのいざという時とは、具体的にいつのことを想定していますか？」と尋ねます。

すると、ほぼ全員が答えられないのです。そのような状態であれば、振り込め詐欺など

に引っ掛かってしまう危険性を感じます。

ですので、相続の相談を受けた方には、自分のお金の在り方と向き合ってもらうようにお話しします。

自分がどんな気持ちでそのお金を貯めていったのか？　自分は今後どのように使いたいと思っているのか？　そして亡くなったあとは相続人たちにどのように使ってほしいのか？　今一度向き合って考えるように伝えます。

私の両親は2人とも60歳という若さで亡くなりました。老後のために貯めたお金を一銭も使わずに亡くなったのです。しかも、その当時はがんの告知もされないような時代でしたので、終活なんてもってのほか。「俺の目が黒いうちは死んだ後の話をするな！」と父に怒鳴られたこともありました。最期の日の準備として、喪服を買いに行くのも一苦労でした。

実際に両親を亡くして思ったのですが、生きている時に、親にお金に対する考え方を聞けたら良かったのにと。そうした経験をしているので、生きているうちに相続人となる人へ、自分のお金に対する考え方をきちんと伝えることをお勧めしています。それも終活です。

あと、ご自身の考えや気持ちを相続人となる方に話したら、相続人となる方の考えや気持ちも聞けると良いです。

よくある話ですが、「子供たちは私の意見に賛同すると思う」と断言する人がいます。しかし、実際にお子さんに聞いているかと言えば、聞いていないのがほとんどです。ひょっとしたら意見が食い違うケースもありますから、親子で話し合うことは大事です。

その際は、親のほうからこの話を振ってくださいね。子供からこの話題をするのはハードルが高いと思いますから。そして、子供が複数人いる場合は、家族全員が集まった状態で話すことをお勧めします。

あるご家族の話です。お父様が子供たちに個別に相続の話をしていました。いざ亡くなられて、生前のお父様から聞かされていた相続の内容を子供たち同士で話し合ったところ、食い違いが見られたのです。

それは、子供たちの解釈が拡大解釈になっている可能性もあります。また、お父様の話が、子供たちそれぞれに対して微妙に違っていたということも考えられます。そうなると食い違いが出てくるわけです。

しかし、すでにお父様は亡くなられています。お父様に聞くわけにはいきません。だから揉めるのです。

せっかく、子供たちのために苦労して貯めたお金なのに、そのお金が原因で子供たち同士が仲違いしてしまったら悲しいことです。だからこそ、家族全員がそろった状況で、共通認識を図れるように話すということが大事なのです。

私がお勧めしているタイミングは、お盆にご家族が集まる時です。お墓参りにも行きますし、人の死を身近に感じる機会があります。

亡くなられたご先祖様へ想いを馳せながら、家族でこれからの未来について話をするのはとても有意義なことだと思います。

あと、こうした家族の話し合いはできれば一度きりではなく、例えば2年に1回など定期的にやるのも有効です。日々過ごしていくうちに環境も変わりますし、考え方も変わっていくでしょう。常にアップデートしていくことも大事です。参考にしていただけると幸いです。

幸せの近道は他者貢献

アドラー心理学では、幸せとは他者貢献であると言われているそうです。そして、他者貢献は、仕事をすることがその活動の代表選手だと思います。

私はいろいろな方を見てきて、幸せそうに仕事をしている人は「誰かの役に立てるなら」という気持ちで活動している人が多いように感じます。

定年退職を迎える方にこのようなお話をよくしています。

「体が続く限り、働くことをお勧めします。生活のためにではなく〝生きがいのため〟に働いてください。お金を追うのではなく、自分自身に幸福感が得られるような仕事をしてください。そうすれば、人生に張りが生まれます。健康で長生きできます。ぜひご自身のためにも、イキイキと働きましょう」

私の母方の叔父夫婦は、80歳を過ぎた今でも、勤め人として働いています。一緒に働いている人から、尊敬と憧れの存在になっているそうです。叔父夫婦は「誰かの役に立てるなら」という気持ちを持った人で、私が困っている時はいつでも手を差し伸べてくれるお

2人です。

また、義理の両親もまさにそのような人です。義理の父は酪農を廃業したあとは、近所の耕作放棄地になっている畑に牛用のトウモロコシを育てて、知り合いの酪農家さんに安く提供をしています。真夏の太陽が降り注ぐ畑一面に、大きく育っているトウモロコシは圧巻です。義理の母は、地域のボランティア活動に積極的に参加しています。

皆イキイキと人生を謳歌している感じです。70代、80代で働いている人は、それだけで尊敬しますし、とても素敵です。

先日、現役で働いている80代のお客様で、医療費の負担が3割負担になってしまったと嘆いている方がいました。そこで私はこう言いました。

「『あなたは国から若者と同じくらいに働ける体力がある方です。お若いですね』と認められたのですね。誇れることだと思いますよ。社会貢献をしているのですから、希望の星です」

すると、その方も心なしか誇らしいお顔をされました。

日本は少子高齢化が深刻で、子供を増やすことももちろん大事ですが、元気な高齢者がイキイキと働くことで、社会を支えていくのも素敵なことだと思います。ですので、私もそのような人になりたいと憧れています。

no pain no gainの精神で、見返りを求めずに与え続けよう

私は、昔はケチな人間でした。「人からもらうことが得である」と思っていました。しかし、それは誤りだと気づきました。

『GIVE&TAKE』（アダム・グラント著／三笠書房）という本には、「成功する人はギバーである」と書かれています。税理士の仕事を通じ、いろいろな人を見てきましたが、成功している人はまさに「ギバー」であると思います。

私は、昔（人生の暗黒期）は「テイカー」でした。だからうまくいかなかったのだと、今振り返ってみると納得できます。

「与える時は見返りを求めてはいけない」と言われています。見返りを求めずにギバーになるとはどういうことか、その意味を理解できていない人が多いように思います。

誰かに何かを与える際、どうしても与えた相手から何かを期待してしまいます。「恩返し」という言葉があるように、相手から何かを受け取った時に「お返しをしないと申し訳ない」という心理が働きます。これを「反報性の原理」と言います。ですので、与

えた時は、無意識に「見返り」を期待してしまうのです。

しかし、見返りを求めているようでは、成功するギバーにはなれません。成功するギバーになるためには、恩返しではなく「恩送り」の気持ちが必要です。「自分がやりたかったことだからやる。ただそれだけ」。その精神で行動するのです。

「恩送り」をやり続けていると、奇跡が起きます。それを見ていた第三者が、この人に何かをしてあげたいという気持ちになります。自然と大きな幸運が舞い込んでくるのです。そして結果的に成功するといった具合です。まさに、「チャンスの神様」（102ページ参照）がやってくるのです。

また、成功するギバーになるには、先に痛みを伴わないといけません。そうしないと果実は得られないのです。

自分は傷を負わずに、手柄だけを得ようと考えている人が多いですが、それは間違った行動です。それこそテイカーの考え方です。

大変な思いをして、初めて果実を得ることができます。成功の循環が生まれます。

傷を負わずに手柄を得た場合は、それはただ単にビギナーズラックです。ビギナーズラックは中身のない張りぼてです。なので、すぐにうまくいかなくなります。

no pain no gainの精神でギバーになることが、成功する秘訣だと私は確信しています。ぜひその精神で行動してみてください。

繰り返しますが、「見返り」を期待することは、百害あって一利なしです。

自分が勝手に見返りを期待して、相手が思い通りにしないと、裏切られたと思ってしまうのです。そして、それが不満につながるといった図式です。

勝手に期待した自分が悪いのに、その通りに行動しなかった相手が非難されてしまうのですから、相手からしたらいい迷惑です。

そんな人を「チャンスの神様」が助けたいと思うでしょうか？　それはまさしく、ギバーではなくテイカーの考え方です。

見返りは「自我我欲」の塊のようなものです。自我我欲とは、自分の利益や自分の欲求を満たすことだけを考えて行動することです。つまり、Win-Loseの考え方です。Win-Winの交渉（１０７ページ参照）にはなりません。

また、自我我欲が出てくると心が豊かでなくなるので、「貧すれば鈍する」（１２３ページ参照）になっていきます。よって、ますます悪循環です。

なので、自我我欲を持たないように意識することが大事です。ですが、これはなかなか難易度が高いです。なぜなら自ら意識して行動しないと、「反報性の原理」から「見返り」を求める考え方になってしまうからです。

成功するギバーは、テイカーに搾取されるギバーではなく、主体的に行うギバーです。そうなれば、Win-Winの考え方ができるようになります。

その合言葉が「自分がやりたかったことだからやる。ただそれだけ」です。この言葉を常に意識して、行動してください。

あと、人に与えることが幸せだと体感できると、主体的に行うギバーでいたいと思えるようになります。人に何かをしてあげて、人の役に立ったと実感できると幸福感が得られます（『幸せの近道は他者貢献』177ページ参照）。ですので、ぜひそのような体験をしていってもらえると良いですね。

「自分がやりたかったことだからやる。ただそれだけ」を合言葉にして、あなたも主体的に行うギバーになってくれると嬉しいです。

あとがき

相談者とお話をすると、私の話がその方の琴線に触れるのか、よく泣かれてしまうことがあります。また、「矢野さんと話をして覚悟ができた」と言ってくれる人もいます。そして、「こんなにたくさん、ためになる話をしてくれるなんて嬉しいです。セミナーでも開けばいいのに」とか、「本を出せばいいのに」と言ってくださる方もいらっしゃいます。

しかし、私の良さは一対一の対面で話をするから発揮されるのであって、大勢の人の前で話すセミナーや、不特定多数の人たちに発信する本という方法では伝わらないのではないかと思っていました。

前述していますが、私自身、たくさんの人の前で話をすることがすごく苦手です。「租税教室」で200人の生徒の前に立って講義をすることがありますが、10年以上経験を積んでもいまだに緊張して前日は眠れないですし、用意した原稿を読み上げる形式でしかできません（お陰様で、原稿づくりには人の心に刺さる言葉や、ためになる話をふんだんに盛り込んでいるので、学校の評判も良く、「租税教育のスペシャリスト」と税理士会の一部の会員の中では知られるようになりました）。

また、私は何を隠そう、子供の頃から本が苦手です。図書館や図書室に行った記憶がありません。文章を読むのが遅く、一行一行を理解しながら読もうとするので、なかなか進まずに疲れてしまうのです。ただ、本が苦手にもかかわらず、文章を書くことは得意なようで、子供の頃はよく、作文コンクールなどで学校代表に選ばれたりしていました。

税理士になろうと決める前は、文章を書く才能を生かして雑誌の編集者になりたいという夢がありました。ですが、本が苦手で、読むのが遅い人間が務まるわけがないと思い、税理士になると決めてからは、その夢は長らく忘れていました。

時を経て、こうして本の出版のお話をいただき、私が書いた文章が本になり、たくさんの人に読んでもらえる日が来るなんて思ってもみませんでした。自分が今まで全力で進んできた道がある意味報われ、そして長らく忘れていた私の夢が叶えられた形で伏線回収されるとは、人生とは面白いものだと感じております。

そして、皆さんがこの本をお読みになり、この本が皆さんにとって心のビタミン剤や漢方薬になれたら、こんな光栄なことはありません。なので、この本を読んでいただいた方々を私はずっと応援しています。これもご縁ですから、そのご縁を大切にしたいです。

私は皆さんがイキイキと仕事をして、幸せな人生を送っていただくことを心より祈っています。

私も「歩くビタミン剤」でいられるよう、日々明るく楽しく前向きにイキイキと過ごしていきたいと思います。私はこの税理士という仕事が大好きです。自分自身が輝いていられる素敵な職業に就けた奇跡に感謝し、これからも日々精進していきます。

このたびは、この本の出版に尽力してくださった株式会社現代書林の松島様をはじめ、執筆の際に協力してくださったたくさんの方々に御礼を申し上げます。またこの本を手に取りお読みいただきましたすべての皆様に深く感謝申し上げます。ありがとうございました。

最後まで読んでいただいた方々へ、私の好きな曲のタイトルをささやかながらお贈りします。興味がありましたら曲を聴いて、歌詞を知ってもらえると嬉しいです。心が軽くなること間違いなしです。

Don't Worry Be Happy (Bobby McFerrin)

2025年1月

税理士　矢野千恵子

すべての働《はたら》く人《ひと》に贈《おく》る 読《よ》む「心《こころ》の常備薬《じょうびやく》」

2025年3月17日　初版第1刷

著　者――――――矢野千恵子《やのちえこ》
発行者――――――松島一樹
発行所――――――現代書林
〒162-0053　東京都新宿区原町3-61　桂ビル
TEL／代表　03(3205)8384
振替00140-7-42905
http://www.gendaishorin.co.jp/

デザイン――――――阿部早紀子
イラスト――――――斉藤ヨーコ
図版――――――松尾容巳子

印刷・製本　㈱シナノパブリッシングプレス
乱丁・落丁本はお取り替えいたします。
定価はカバーに表示してあります。

ISBN978-4-7745-2037-7　C0030